U0945118

悬念康熙陵

徐鑫 著

齊魯書社

前言

零距离触摸

中国古人认为,人死后只是生命载体的一个终止,而其本人的灵魂可以继续存在,只不过是在两个世界,一个是阳间,另一个是阴间。并且认为,灵魂分作"魂"和"魄"两部分,魂主精神,而魄主身形,并有"三魂七魄"之说。其实灵魂只是存在人们思想意识中的一种非物质的观念。但是由于这种观念的存在,就有了一种"人死灵魂不死"的认识,于是就产生了"希望灵魂在另一个世界继续美好生活"的理念,由此出现了为死者营建的规模宏大的坟墓以及与之相应的祭祀制度。

中国古代封建帝王认为,在上吉之地建陵就可以"开福祉隆于基,绵万年之景运"。这就是所谓"圣天子孝先天下,首重山陵"。

封建帝王为了使自己百年之后在另一个世界生活得更好,不惜调用全国的人力物力营建自己的陵寝。皇陵可以说是当时国家盛衰的晴雨表。皇陵,不仅是安葬已死帝王的阙宫,也是阳世和阴间、活人和死者之间相互沟通的场所和平台。太庙、奉先殿和陵寝都是后世子孙缅怀列祖列宗的场所。到太庙和奉先殿祭拜,面对的是列祖列宗的神牌,而到陵寝祭拜;面对的则是列祖列宗的遗体,其感受和效果是大不一样的。因此,历朝历代的帝王对祭祀祖陵都十分重视。中国的陵寝制度是随着封建社会的产生而产生的,至今已有2000多年的历史。封建帝王的陵墓,虽然反映了封建统治者的腐朽和奢华,但是在另一方面又是中国的祖先留给后人的优秀历史文化遗产。它们是古代文明和思想观念的综合产物,是历史的再现,是附着在砖、木、瓦、石上的时间记忆。它们不仅是一笔巨大的物质财富,还是精神文化的载体,是考证历史重大事件和历史疑难问题的宝贵史料。

清代陵寝所包含的史料是清朝历史中的一个重要组成部分,它为清史的研究提供了可靠的依据。

清朝入关第一帝顺治皇帝将自己的山陵选在了当时的北京东面河北遵化马兰峪的昌瑞山脚下,并在长达200多年的时间内,陆续建成了规模宏大、建筑辉煌的清代陵墓群——清东陵。

清东陵作为皇家陵寝,虽然已开放多年,但在人们心中依然是很神秘的地方。

清东陵的第一位墓主人是清王朝的顺治帝,顺治帝的儿子康熙帝依照明朝建陵制度,将自己的陵寝也建在这里。康熙皇帝的景陵,包含着一座皇帝陵寝、两座妃园寝,是清朝入关后营建的第二座皇帝陵,在清代陵寝史上具有承前启后、继往开来的作用。但是作为开创“康乾盛世”的康熙皇帝的陵寝,还有许多疑问留给了后人。

康熙陵的选址为什么竟在一个大深水潭?

康熙陵的神道为什么是弯曲的?

康熙陵当初修建时为什么没有石像生?

康熙陵的建筑规制有哪些创新?

康熙帝在丧葬方面有哪些改革?

康熙陵何以火灾频发?

康熙地宫有哪些神奇的传说?

号称千古一帝的康熙遗骨为什么至今仍泡在臭水中?

亲生儿子为什么葬入了妃园寝?

双妃园寝的主人究竟是谁?

……

让我们一起零距离走近这座千古一帝的陵寝吧。

作者

序章

神秘的大火

光绪三十一年二月二十日卯时（公元1905年3月25日早6时许），景陵隆恩殿上层檐突然浓烟喷冒，继而火光四起，烈焰冲天。值班的陵寝官员

景陵大殿

孝陵隆恩殿前月台上的铜鹤

孝陵隆恩殿前月台上的铜鹿

惊恐万状，慌忙中找来救火工具，赶到宫门前，却发现沉重的大锁锁着大门，等找来钥匙打开大门，隆恩殿的大火已是金龙乱舞，烈焰冲天了。

由于情况紧急，责任重大，内务府主事博尔庄武等人冒着浓烟烈焰，奋不顾身地冲进隆恩殿内，将6块神牌抱了出来。等再想抢救其他东西时，人根本不能靠近大殿了。护陵官兵束手无策，除了派人迅速上报外，只能眼睁睁地看着火焰吞噬大殿。东陵守护大臣载泽、寿全，马兰镇总兵丰升阿闻讯赶到景陵时，整个大殿已经变成了一个熊熊燃烧的火山。没过多少时间，偌大的一座隆恩殿竟化为灰烬，变成了一片废墟。

隆恩殿也称享殿，俗称大殿，重檐歇山顶，面阔5间，进深3间，前有月台，环以汉白玉石栏杆，龙凤望柱头。在月台正前面踏垛居中处的御路石上，雕刻着龙凤呈祥图案。月台上陈设两个鼎式铜香炉，两侧陈列着一对铜鹿和一对铜鹤，利用“鹿”、“鹤”的谐音，寓意“六合长春”。大殿内有暖阁3间，内供帝后神牌。神牌上用满汉两种文字镌刻着皇帝、皇后的谥号。暖阁里面还陈设着金玉器皿、陵图及死者画像等。每年的清明、中元、冬至、岁暮四时大祭，皇帝如不能亲自祭奠，则由太常寺题请，皇帝钦派王公致祭行礼。每月朔、望，由陵寝官员自行祭祀，称之为小祭。无论大祭还是小祭，都在隆恩殿内举行，因此说，隆恩殿不仅是陵寝地面上最大的建筑，也是举行祭祀的最主要场所。

泰陵之鼎式炉

隆恩殿被烧毁，事关重大！载泽等不敢隐瞒，急忙将此事上奏朝廷。慈禧太后接到奏报后，十分震惊，立即命令户部尚书赵尔巽、军机大臣兼户部右侍郎铁良

景陵隆恩殿东北侧面

为钦差大臣，赶赴东陵，查办此事。两位钦差大臣不敢怠慢，立即动身。他们到达东陵后，严查密访，昼夜刑讯，使出了所有手段，用尽了各种方法，折腾了10多天，什么原因也未查到。二人无计可施，只得回京复旨，上奏说："火自上出，别无可疑形迹。"慈禧太后对此结果虽不满意，但也是无可奈何。只得严惩了守陵官员，令赵尔巽、铁良对景陵大殿进行勘估，做出复建工程预算并承修景陵大殿。后来承修大臣又有所更换，直到宣统元年，景陵大殿才建成。

对于大殿失火被毁，两位朝廷大员竟查不出半点线索，这可真是一件奇事。当时是农历二月，尚未进入雷雨季节，况且失火那天根本无雨，因雷电失火是完全不可能的。二月二十日，距二月十五小祭已过5天，距三月初一清明大祭还差10天，康熙帝及4位皇后的忌辰祭又均不在二月，所以因祭祀时灯火不慎引起火灾的可能性可以完全排除。到底火灾是何原因，东陵地区有两个传言。一是陵寝官员之间矛盾极大，互相陷害。为置景陵官员于死地，其对头故意放火。另一种传言是，一个作案多起的江洋大盗长期藏匿于大殿的天花板上，用殿内的蜡烛照明，不小心碰到了蜡烛，引起了火灾。这两个传言是真是假，现在无从查考。

这是继光绪二年（公元1876年），孝陵大碑楼被雷火焚毁之后，清东陵发生的第二次大火灾，是康熙景陵发生的第一次大火灾。

我们现在看到的景陵隆恩殿大殿前的月台栏板和望柱都是后来重建大陵时重新雕刻安设的，雕刻比较粗糙，明显看得出不是康熙时的产物。

目录

CONTENTS

第一章　孤独的守望

从1644年顺治元年开始，至1911年宣统三年止，中国历史上最后一个封建王朝，走完了它长达268年的历史。在这段时间内，清王朝先后在直隶（今河北省）的遵化县和易县开辟了两个规模宏大的皇家陵园——清东陵和清西陵。遵化的陵园因在京师以东，故称为东陵。易县的陵园则因位于京师西面，故称为西陵。

清王朝入关后经历了10位皇帝，除末代皇帝溥仪未建成陵寝外，其余9位皇帝分别葬在了清东陵和清西陵，因此有“十个皇帝九帝修，只有宣统转幽州”之说。

清东陵，死者的天堂

古代认为，人死之后，如选择乾坤聚秀、阴阳和会、山川壮美的福区吉地安葬，就能造福子孙；反之，则降灾于后代。封建帝王的陵墓因为墓主人身份

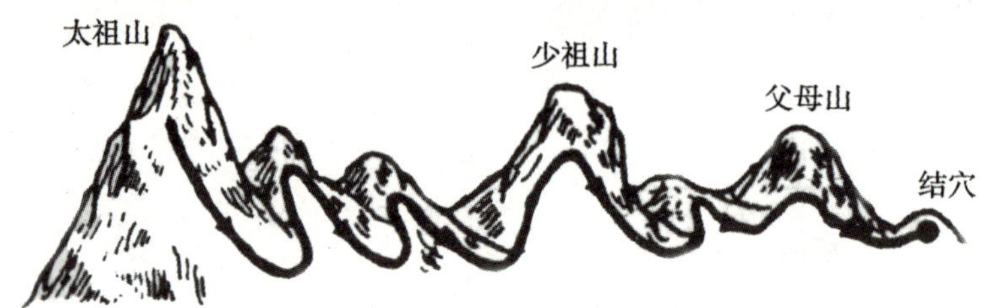

古人风水观念中理想的龙脉流向图

的尊贵，被称为“万年吉地”，意思是说，一块好的风水俱佳的墓地，不仅关系着自己死后生活的好坏，更直接影响着子孙后代的繁荣与兴衰。因此，中国历代帝王从即位之日起，便派精通堪舆（风水）之人为自己选择建造陵墓的地点。

据风水说法，山脉是龙的象征，又称龙脉。根据不同的形状，山可分为祖山、宗山、主山等。而每一座山的各个部位，又象征着龙脑、龙尾、分龙、起龙、来龙等等。根据不同的土质与形势，地也有福地、吉地、凶地、绝地之分。因此，对于封建帝王来说，陵址的好坏直接关系到国运的兴衰、帝祚的长短，因此，封建帝王对选择自己的万年吉地极为重视，务期将自己的陵寝建在形势理气诸吉咸备的上吉佳壤之上。

清朝在入关以前，因为只是一个地区游牧部落政权，还没有建立自己的陵寝制度。入关后，受明十三陵的影响，才逐渐形成了一套完整的清代陵寝制度。

清东陵作为清朝在关内的第一座皇家陵园，无论是自然环境还是人文环境，确实是一块难得的“风水”宝地。

“此山王气葱郁非常，可以为朕寿宫。”顺治帝如是说。

顺治皇帝6岁登基，是一个忧郁而敏感的少年天子。在他童年和少年时代一直受制于“皇父摄政王”多尔衮的专制，随时可能出现的宫廷政变，使得体质孱弱、性格内向的顺治皇帝情绪长期不稳定，尤其恐惧当时传染力极强的流行病“天花”。

顺治朝服全身像

顺治八年(公元1651年)，京城爆发天花疫情，由于对天花病的恐惧，顺治皇帝于10月份奉太后、携皇后出京城，到遵化一带的山中行猎。当顺治帝带领群臣来到河北遵化马兰峪的丰台山一带时，他极目远望：只见岗峦起伏，隆起的山脊在蓝天白云的掩映下若隐若现，宛如一条天龙奔跑腾跃，呼啸长空。在天龙盘旋飞舞的中间，有一块坦荡如砥的土地，蔚然深秀，生机盎然。东西两边各有一泓碧水缓缓流淌，波光粼粼，形似一个异常完美的金瓯。顺治帝不停地瞭前眺后，环左顾右，发出由衷的赞叹：“此山王气葱

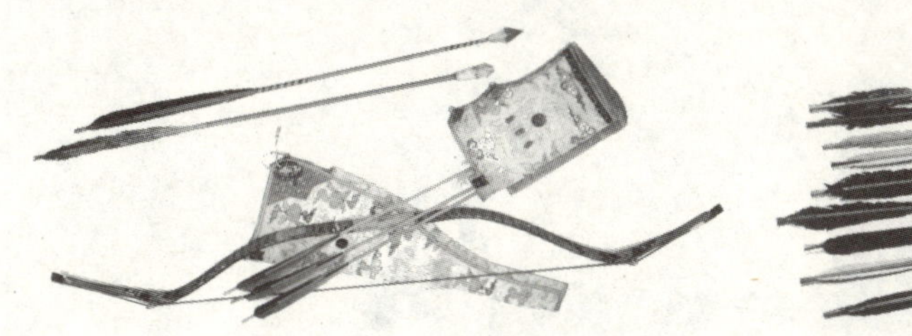
御用弓箭

御用羽箭

郁非常,可以为朕寿宫。”他立刻来到一处向阳之地,翻身下马,双手合十,虔诚地向上天祈祷,随后相度了一块相宜的地势,将右手大拇指上佩带的白玉扳指取下,小心地抛向山坡,然后庄重地向群臣宣布:“扳指停落的地方,就是陵寝的穴位!”直到这年的12月份,顺治皇帝才心满意足地回到京城。

顺治皇帝无意间选中的这一块风水宝地,就是后来的清东陵。清东陵确实是天地造化的一块绝妙的风水宝地。但这块风水宝地并非是顺治皇帝第一个相中的,在此之前,明朝崇祯皇帝就已选中过此地,只是崇祯皇帝运气太差,国破家亡,江山易主,他选中的陵地被入关的清朝皇帝给占用了。

清东陵位于北京东面,即今河北省遵化市马兰峪,是清朝三大陵园中规模最大、体系最完整的一处皇家陵园,近两个半世纪中,先后建起了5座皇帝陵、4座皇后陵和5座妃园寝,葬有5位皇帝(第一帝顺治、第二帝康熙、第

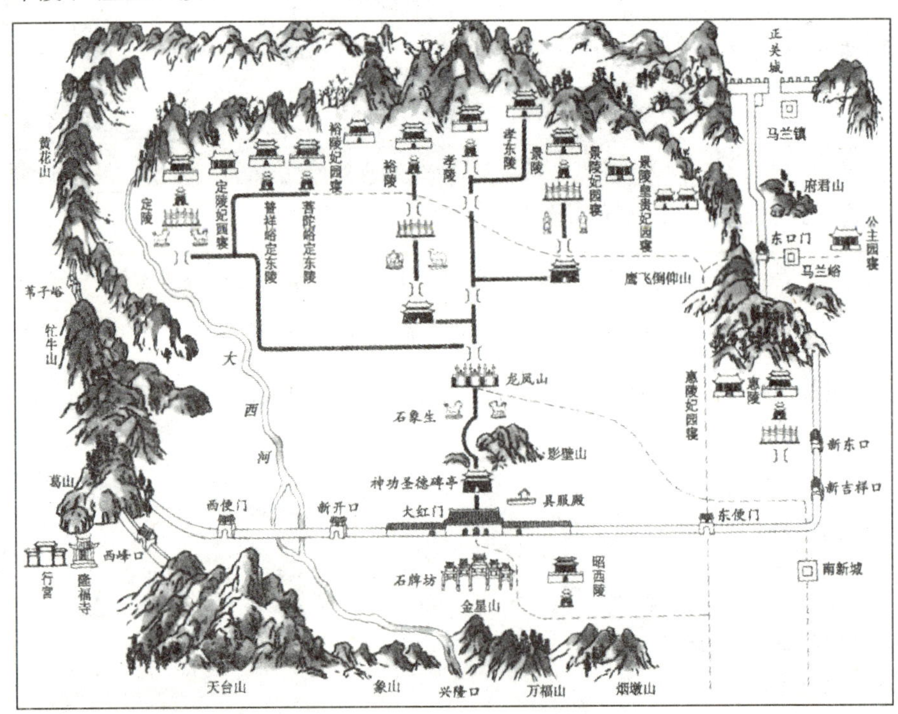

清东陵平面示意图

四帝乾隆、第七帝咸丰和第八帝同治)、15位皇后、136位妃嫔、1位皇子,共157人。其中有清初辅佐过两代幼主的女政治家孝庄文皇后,有垂帘听政统治中国长达48年之久的慈禧太后,有民间传说迷离千古的“香妃”等。

整个陵区以燕山余脉昌瑞山为界,因为山上绵亘的明代长城有碍风水,为了贯通风水地脉,顺治十八年(公元1661年)修建陵寝时,拆除了昌瑞山山顶上的长城。经过大清王朝封建统治者200多年的营建,清东陵500多座单体建筑在48平方公里的区域内逐渐建成。

民国二年(公元1913年),清朝的遗老、诗人陈诒重曾这样描写清东陵陵园景色:“初至,从龙门口入,两崖壁立,一泓冷然,绝水而驰,溅沫如雪,水侧春草膴茂,夹毂送青。更前,则群松蔽山,苍翠弥望,寝殿黄瓦乍隐乍见于碧阴之中。好风徐来,清香满袖,清肃之气,祛人烦劳。”

古代相度兆域,讲求前有照山,近有案山,后有靠山。清东陵北起雾灵

孝陵石像生及影壁山、金星山

山，南达天台山，总面积达到2500平方公里。雾灵山是清东陵的太祖山，是“后龙之正脉，风水之大源”。其山脉逶迤南伸，至昌瑞山而止。昌瑞山山南称为“前圈”，山北为风水禁区，称为“后龙”。后龙周环2000多平方公里，其内群山卓立，万岭奔腾，密林覆盖，人迹罕见，是陵寝的控制保护区。前圈四面环山，中间是48平方公里的平坦之地，诸陵寝均建在前圈之内。陵区东面的雁飞岭诸峰千岩错落，西面黄花山、钻天峰众山层峦叠翠，象山、万福山横亘于陵区正南。位于雾灵山和昌瑞山之间的分水岭是“来龙”的脊背，众水东西夹流，左盘右绕，最后汇合于陵区之南的龙虎峪，这万山拱卫、众水朝宗之势，加重了皇陵的神秘色彩和皇权神授的气氛，与庄严肃穆的皇家陵园保持了高度的和谐与统一。昌瑞山东西走向，中间主峰高耸，两侧山峰逐次降低，宛如屏风，它是东陵的后靠山。金星山位于陵区之南，此山拔地而起，山形如

清东陵孝陵朝山金星山

倒扣的金钟，与昌瑞山主峰遥遥相对。它是孝陵、裕陵、惠陵的共用照山。在金星山北有一座小山，似玉案前横，此为案山，当地人称之为影壁山。金星山、影壁山、昌瑞山恰好位于一条直线上，就好像上天按着人意特地排列的一样，真是天造地设、浑然天成。

《清朝文献通考》对于清东陵的风水有这样的描述："山脉自太行来，重岗迭阜，凤翥龙蟠，嵯峨数百仞。前有金星峰，后有分水岭，诸山耸峙环抱。左有鲇鱼关、马兰峪，右有宽佃峪、黄花山。千岩万壑，朝宗回拱。左右两水分流浃绕，俱汇于龙虎峪，崇龙巩固，为国家亿万年钟祥福地。"

清东陵的守护官员在《昌瑞山万年统志》中则写道："昌瑞山原名丰台岭，一峰擢笏，万岭回环。北开幛于雾灵，南列屏于燕壁，含华毓秀，来数千里

清东陵全图（据清康熙年间郑侨生修《遵化州志》描摹）

长白之源；凤舞龙蟠，结亿万年灵区之兆。且其间百川旋绕，势尽朝宗；四境森严，象皆拱卫。实为天生福地。昌瑞山佳气团结，郁郁葱葱，巍峨数百仞，玉陛金阙，垣合紫微，嘉祥迭见，屡产灵葩。是固出乎山之类，拔乎山之萃，而不可与众山为伍者。至于前后左右诸山并诸水等所以为此山之带砺而朝拱。”

为了保护清东陵，清廷派出了最亲信、最精锐的八旗兵进驻各陵，直接保卫皇陵的安全。

生者守护死者

乾隆皇帝朝服像

清东陵在封建统治者心中的重要位置，在当时的政治、军事以及人事安排上，都有明显的体现。

康熙十五年（公元1676年），御史程文彝以“遵化县为陵寝重地，理宜加隆，以培根本，以崇孝治”为由，奏请仿明朝升昌平县为州之例，将遵化县升格为州。康熙帝允奏，当年十一月十九日升遵化县为遵化州，辖丰润一县。

乾隆八年（公元1743年），直隶总督高斌上书乾隆帝：“遵化州地方，萃山川之灵秀，纪形胜于神皋，肃卫祖陵，久称重地。近复于胜水峪选建万年吉地，天开宝域，庆龙脉之绵长；星拱皇图，宜鸿模

八旗兵铠甲之一

八旗兵铠甲之二

正黄旗军旗

镶黄旗军旗

正白旗军旗

镶白旗军旗

正红旗军旗

镶红旗军旗

正蓝旗军旗

镶蓝旗军旗

八旗军旗

之式廓。”“今遵化州拱卫三陵,复建万年吉地,请照易州之例,升为直隶州。”乾隆帝准奏,于是,遵化又升为直隶州,辖丰润、玉田二县。遵化的行政地位随着陵寝的建立、增加而逐步上升的同时,其在军事地位及其护陵的军事长官的身份上,也随之提高了。

马兰关位于陵区东侧,是长城隘口,历来为兵家必争之地。明朝,马兰关设副将镇守。清顺治年间,马兰关由马兰峪的都司管辖。康熙二年(公元1663年),因昌瑞山一带被划为皇家陵园,营建了孝陵,马兰关设副将镇守,专门负责陵区的安全防护。雍正元年(公元1723年),康熙皇帝入葬景陵,改马兰关副将为总兵。康熙年间,马兰关的副将、总兵大都是八旗汉军人,自乾隆元年(公元1736年)以后,马兰关总兵之职大都改由满洲八旗人充任,护陵长官的级别和身份越来越高。

驻守在清东陵的国家军队分八旗兵和绿营。看守清东陵的兵力是随着陵寝数量的增加而增加的。

满洲八旗兵主要负责各个陵寝的防护。

各陵寝墙外的更道是八旗官兵巡逻行走的路线。宫门外的东西班房则是八旗兵的住所。平时除值班者外,八旗兵都驻在陵区之外的南新城和5个营房,到光绪中期,驻扎在东陵的八旗兵总兵力达到1100多人。

景陵东值班房,当年八旗官兵在这里驻守

马兰关绿营是专门保护陵区安全的军队。

马兰关绿营的建制

马兰关官房东大门

马兰关总兵衙门二堂

为镇，一镇的最高军事长官为总兵官。清代的绿营建制单位分别是汛、营、协、镇。一汛之长是把总或千总；一营之长为副将；一镇之长为总兵官。凡汛、营、协、镇都冠以所住的地名，如石门汛、三屯协、天津镇等。因为驻守在马兰关的绿营兵为一镇，所以称马兰镇（这里的“镇”与今天乡镇的“镇”含义完全不同）。光绪九年（公元1883年），马兰镇绿营8个营共有大小官弁186员、兵丁2971名，陵区内外有大小拨汛340多个（遵、蓟二营未计算在内）。另外还配备了数量可观的武器装备。其中刀类有6种，共2416把；鸟枪类6种，共1529支；箭类3种，共47359支；炮类24种，共758门。此外，还有大量的衣甲、旗号等。

由于马兰镇绿营是专门防护陵区安全的军队，具有特殊性，因此不能像其他绿营军队那样集中训练。

为了训练这些军队官兵，在马兰关建有教场和演武厅。教场也叫教军场，位于马兰关栅楼的东南。教场是绿营官兵教学武艺、演练阵法、派兵点将

清东陵风水墙遗址(照片中的白线为风水墙线墙)

的场所。

道光十一年(公元1831年),东陵守护大臣有麟、溥喜和马兰镇总兵钟昌向皇帝奏请在东陵设立马步骑射公所,从八旗中的章京、骁骑校中挑选技艺娴熟者充当教官,每月轮流教习各陵八旗甲兵,要求严格,使他们具备上马能战、下马能守的良好素质和战斗能力。

为了加强陵区的防护,马兰镇历任总兵处心积虑,制定了一系列巡逻方法。

乾隆初年,马兰镇总兵布兰泰首创签牌挨拨传递法,即传筹法,这种方法以抽签发牌的方式,使兵丁一组一组地被轮番派出,周而复始,永无休止地巡逻陵区。

清代皇帝为了保护陵寝的安全,吸取了历朝历代护陵经验,在陵区周围开割了火道,树立了红、白、青三道界桩,界桩外20里是官山,并在前圈东、南、西三面筑起了风水围墙,陵区的围墙又称风水墙,意在保护陵区风水。

顺治帝的孝陵完工之后，陵区的风水墙也开始建设，并且初具规模，以后历朝不断完善。风水墙高9尺4寸、厚2尺8寸，大部分为城砖灰砌灌浆。在山区地段，为山石垒砌。风水墙总长约40余华里。前圈东侧的风水墙北起马兰关西城根，与长城相接。往南依次经过二洞、九洞、水洞、福君山，到马兰峪西关外，留有一门，称东门口（马兰峪人称西口门）。此门是八旗官兵和陵上当差供职的官员、差役出入的门户，后来因此门过大，有碍风水龙脉，改筑为小门，禁止车辆出入。由此门往南1里左右是旧吉祥口。在清代，陵区内是不准死人的。在陵上当差的八旗兵丁和官员、差役一旦得了重病，发现难以治愈，立即从吉祥口抬出陵区。本来就病势垂危，加上这一折腾，十之八九的病人都要死掉，所以人们都把吉祥口叫做“鬼门关”。风水墙由旧吉祥口折而向东，达龙王庙，转向南，跨过六道河，过4里余，即是东便门，稍南是新吉祥口。因为开了新吉祥口，所以将旧吉祥口堵塞。风水墙从昭西陵后面过去，再向西就是清东陵陵园的正门——大红门。再向西为新开口、西便门。至西山脚下折向北，由杏花山抵黄花山。杏花山和黄花山之间是苇子峪。此处风水墙筑门一座，当地人称此门为小红门。出此门向西可达端慧皇太子园寝、十二贝勒园寝和6座王爷园寝。风水墙至陵区西侧的黄花山南侧半山腰止。陵区东侧的风水墙有12处水关，西侧的风水墙有10处水关。各门口均有兵丁把守。

在清东陵，由于大部分的主体建筑都是木质结构，因此防火也是保护陵寝的主要内容之一。开辟出远离火源与建筑物之间的人为隔离带则是防火措施之一。在陵区之内，特别是后龙，到处是茂密的树林、丛生的杂草、堆积的枝叶，极易发生火灾。为了防止陵区外界的火延烧到陵区之内，康熙二年（公元1663年）在后龙的东西北三面开割出一条宽30丈、长42公里的火道。当时后龙的面积还比较小。火道由后龙正北的分水岭处分为两条：一条

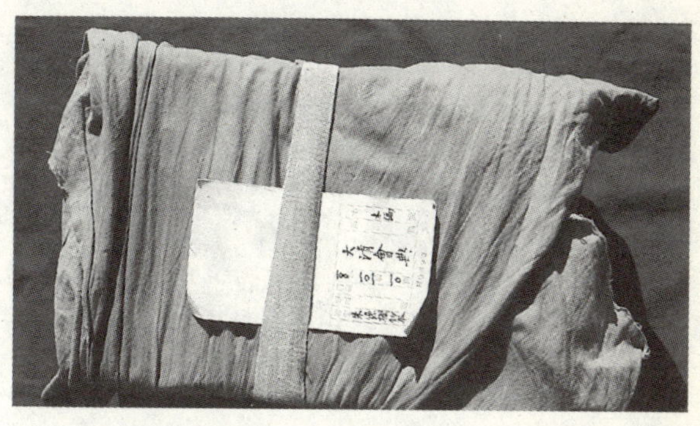
《钦定大清会典》包袱

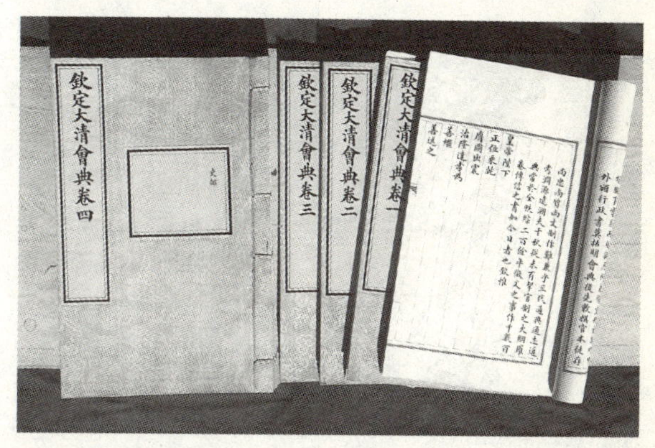

《钦定大清会典》书影

斜向东南，至鲇鱼关北的鹰窝沟止，长41.5里；另一条从分水岭斜向西南，至昌瑞山西侧的关门子止，长42.5里。在火道之内，一切树木、杂草都要割除干净。从白露节开始，马兰关的绿营派出200名官兵，由千总、把总各2员带领，督率割除，每年割除一次，成为定制。

雍正元年、十三年以及乾隆元年，先后经马兰镇总兵范时绎、吴正、永常奏请，将后龙范围向北扩展到雾灵山，与滦平、承德二县相连接。将原有古北口副将所管的曹家路、黑峪关、吉家营等处归并马兰镇总兵管辖。后龙西面扩展到密云县的杨家堡、墙子路一带。乾隆元年开始，从陵区东侧的灵窝沟起，向北沿大洼、老厂沟、窄道子，向西沿板谷岭、黑峪关、曹家路、吉家营，然后折向南，沿杨家堡、墙子路、镇罗关、将军关、黄崖关、青山岭一带开割火道一条，宽20丈、长320里。这条火道称外火道，那条长84里的火道则称内火道。火道也是陵区边界的标志之一。

为了确实有效保护皇陵的安全，清廷还颁布了一系列的法令、法规，在《大清律》和《大清律例增修统纂集成》中，关于皇陵的规定是这样写道：

车马过陵者及守陵官民入陵者，百步外下马。违者以大不敬论，杖一百。

凡山前山后各有禁限。如红桩以内盗砍树株，取土取石，开窑烧造，放火烧山者，比照盗大祀神御物律斩，奏请定夺。为从者发近边充军。若红桩以外，官山界限以内，除采樵枝叶仍照旧例，毋庸禁止，并民间修理房茔，取土刨坑不及丈余，取用山上浮石，长不及丈，及砍取自种私树者，一概不禁外，其有盗砍官树，开山采石，掘地成壕，开窑烧造，放火烧山，在红桩以外，白桩以内者，即照红桩以内减一等，为首者，发近边充军；从犯，杖一百，徒三年。如在白桩以外，青桩以内者，为首杖一百，徒三年；从犯减一等，杖九十，徒二年半。如在青桩以外，官山以内者，为首杖九十，徒二年半；从犯减一等，杖八十，徒二年。计赃重于徒罪者，各加一等。官山界址在二十里以外，即以二十里为限。若在二十里以内，即以官山所止之处为限。

禁山前后，盗枯树枝、土石者，应仍照本律。若于禁限外盗者，仍以盗山野柴草木石论。

私入红桩火道以内，偷打牲畜，为首，于附近犯事地方枷号两个月，满日改发极边烟瘴充军；为从，枷号一个月，杖一百，徒三年。其因起意在内偷牲遗失火种，以致延烧草木者，于附近犯事地方枷号两个月，满日发新疆，酌拨种地当差；为从，枷号一个月，杖一百，徒三年。

景陵兵部关防

如延烧殿宇墙垣，为首拟绞监候；为从，杖一百，流三千里。

凡旗民人等，在红桩以内，偷挖人参至五十两以上者，为首，比照大祀神御物律斩，奏请定夺；为从，发新疆给兵丁为奴。二十两以上者，为首，发新疆给兵丁为奴；为从，杖一百，流三千里。十两以上者，为首，实发云贵两广烟瘴地方充军；为从，杖一百，徒三年。

在红桩以外，白桩以内偷挖人参五十两以上者，为首，拟绞监候；为从，发近边充军。二十两以上者，为首，实发云贵两广烟瘴充军；为从，杖一百，流二千里。十两以上者，为首，发近边充军。十两以下，为首，杖一百，流三千里；为从，俱杖一百，徒三年。

在白桩以外，青桩以内偷挖者，各于已得例上减一等。知情贩卖者，减私挖罪一等；不知者不坐。

景陵兵部关防印文

弁兵受贿、故纵本犯，罪应军徒者，与囚同罪。赃重者，计减以枉法，从重论。本犯罪应斩决者，将该弁兵等拟以绞决。其未经得贿，潜通消息，致犯逃避，本犯罪应军徒者，亦与囚同罪；本犯罪应斩决者，将该弁兵等减发极边烟瘴充军。仅止疏于防范者，兵丁杖一百，官弁交部议处。

树株关系山陵荫护，盗砍与取土、取石、开窑、放火者，俱于山陵有伤，亦大不敬也。不论监守常人，为首斩，为从者充军。

嘉庆十二年(公元1807年)，大学士、军机大臣庆桂、董诰，户部尚书、军机大臣戴衢亨，户部左侍郎、军机大臣托津等拟定了一个缉捕陵区盗犯的奖赏章程。其中规定：潜入陵区界内的盗犯，在伤损树株之前就被拿获，如果是被本汛官弁拿获首犯，给本官弁记录二次；拿获伙犯一二名，记录一次，拿获三名以上者，记录二次。如被本汛兵丁拿获首犯，赏银八两，帮同拿获者，减半赏给。如果是在树株被盗砍后将盗犯拿获,可以将功抵罪,免其察议。

清廷不仅对平民百姓严加防范,一有触犯,就严加治罪。就是长期驻守在陵区、专司保护陵区安全的绿营官兵,一旦他们做出被认为是有碍陵区风水、违反禁令的事来,也决不宽恕,严惩不贷。

即使有这样严格的保护措施,清东陵的社会治安因受当时社会的影响,陵寝物品的丢失、树木的砍伐和发生火灾的小事故还是时有发生。乾隆四十三年(公元 1778 年)八月十七日,绿营兵丁陶文启、张宗信奉命在后龙苇塘沟守夜,因夜寒天冷,烤火取暖御寒时,不慎引起火灾。虽然只是燃烧掉了一片荒草,并未烧毁树株,但还是受到重责,把总李文瑞畏罪自刎身亡,都司欧陛诏被革职,张宗信畏罪潜逃。此案经刑部审理,决定将陶、张二犯从重处理,发往伊犁,给厄鲁特为奴。

道光六年(公元 1826 年),外委崔思通嘱令兵丁招引外人偷入红桩以内打猎,从中获得猎物。此事被上司查出后,将崔思通发往新疆充当苦差。

不仅如此,就是作为皇室代表长期驻守东陵的守护大臣以及保护东陵安全的最高军事长官马兰镇总兵这样的朝廷大员,一旦有犯禁行为,皇帝也不轻饶。乾隆四十二年(公元 1777 年)二月,总兵满斗将景陵后宝山上的一段石墙拆掉,以便往来行走,又将头道沟、二道沟一带的树株砍伐 840 棵,被人控告,满斗被革职,交刑部审讯,定为斩监候,秋后处斩。后来乾隆皇帝开恩,免满斗一死,降为章京。当时的东陵守护大臣是贝子允祁,他是乾隆皇帝的叔父、康熙皇帝的儿子,因未能及时发现满斗的违禁行为,发现后也未能立即参劾,以失察罪,送交宗人府严加议处,被降为镇国公。嘉庆十一年(公元 1806 年)正月,因陵区树株被盗,马兰镇总兵丰绅济伦被革职。新接任的总兵巴宁阿刚上任 4 个月,因木门沟树株又被盗砍,巴宁阿不仅被革职,还被发往到吉林充当苦差。道光元年六月,因兵丁刀砍陵区内树株,马兰镇总兵庆惠被降为内务府主事。就是在清朝灭亡11年以后的1922年,因孝陵大碑楼附近有3棵回干树、3棵柏树、4棵小柏树被盗砍,东陵守护大臣、奉恩辅国公溥钊因失察罪,被罚俸3年。内务府郎中麟昭、员外郎训艺被罚俸1年。

即使有这样严密的管理和保护,清东陵依然难以逃脱命运对它的安排。

"铁饭碗"变成讨饭碗

帝王陵寝除了有严格的保护措施，还有封建帝王信得过的人来看守和执行日常的维护。清王朝也不例外,大清皇室的八旗子弟则是清朝皇帝最为信任的皇家守陵人,因此,他们在生活上享受着在当时非常优越的待遇,花钱有俸银,吃饭领俸米,居住有公房。看守皇陵这个职业在现在人的眼里就是"铁杆庄稼"、"铁饭碗"了。由于这些人职业的特殊性,所以需要他们终年守护在或帝王或皇后或妃嫔的坟墓周围,为死人服务,常年小心翼翼、诚惶诚恐地维系着大清皇室中死人与活人之间的联系。因此,大多数看守皇陵的人都是带着全家人的,其家庭便成为世代相传的守陵世家。由于他们的职责就是操办皇家祭祀活动和保护皇陵，因此，他们的生活也有严格的组织纪律。这些守陵人的后人就业途径有6种,即世袭、承袭、贡生、考生、顶缺、补缺。

世袭:在守陵的官员中,有的享有世袭爵位,其职务称世职。世职爵位在一般情况下只能由其长子继承,不分贤愚,如年幼或痴傻,只领虚衔,空食俸禄;如德才俱优,并不限于世袭职务,还可以重用升迁。

承袭:八旗的下级官员,年老告休后,其原官职可由子孙继任,但也有条件:"守护陵寝防御(五品带班官员,又称章京)缺出,其出缺之人,在陵寝守过三世且年逾80年的,在其子孙中选一人承袭。"

马兰峪东府大殿(东陵守护大臣驻地)

马兰峪东府南院正房(东陵守护大臣驻地)

贡生：是从学行俱优的学生和功勋子弟中举荐。

考生:经过考试录取。凡守陵各系统员役的子弟，都有资格参加本系统的考试。“文官以满汉文学程度考试，录取以笔帖式记名”,再逐步依次递补升级。“武职以马步箭技艺比赛，以白丁出身考披甲（八旗兵）”递考升阶。

这4种途径就业的子弟是选拔官员的主要对象。

从光绪朝开始，朝廷允许花钱买官,叫“捐班”,但不能任主要官职。

顶缺:当兵当差之人因年老告休,其子弟可以顶缺,似现在的“顶班、接班”。每份空缺只能由长子继承,长子如不能称职,则以兄弟次序选拔。

补缺:随着陵寝的增多,守陵所需要的人也就不断扩大,因弟兄多,不能顶缺的当差人子弟,还可待本系统职差出现空缺时补上。不能顶缺又考不上的旗人称“苏拉杆”(即汉语没有职业的意思),则不能补缺,只能下期再考。

凡为“苏拉杆”的可以申请家口银米,靠纯寄生性的俸禄为生。嘉庆四年(公元1799年)开始,朝廷对文职六品以上官员特恩给予双俸。在不同系统之间,俸禄的标准也不一样,例如,八旗兵每人年领饷银36两,减半粟米(另一半折价给银)11石8斗,米折银13两;绿营兵年领饷银24两,米4石8

斗，银米等均不足旗人全额的一半。

雍正七年（公元 1729 年），雍正皇帝拨给守陵大臣赏银："赏尔等银 2 万两，善为筹划。或买地亩，或开设当铺，滋生利息银至 5 千两，兵丁遇有红白事件，酌量赏给。再官学有用之处，亦给予。"守护陵寝的王公大臣用此项银两开设当铺一座，称"永济当"。又先后从遵化、三河、丰润、玉田等州县共买地 723 顷 81 亩 9 分，再将这些地出租收利。每年共收当铺和出租地所得利润银 10678 两，存入设在南新城的永济库内，作为陵寝员役的福利基金。开始享受福利待遇的只是八旗、内务府、礼部人。家里遇有婚丧嫁娶之事，可以报请红白赏银。赏银的数量根据官阶、职务和红白事由而定。等级最高的：红事赏银 10 两，白事赏银 20 两。最低的：红事赏银 2 两，白事赏银 4 两。如娶嫁，本人不当差，可以其父名义请领。

咸丰帝朝服像

到雍正八年（公元 1730 年），雍正皇帝又赏给马兰镇绿营 5 千两银子，用以开设当铺和粮铺，做本生息，以作为赏给兵丁红白事之资。绿营内赏银不分等级，全按红事 2 两、白事 4 两赏给。

乾隆八年（公元 1743 年）又在马兰峪、南新城设立八旗官学 3 处。嘉庆二十三年（公元 1818 年）至光绪年间，在东陵共为八旗、内务府、礼部设立官学 11 处。另于马兰峪设立"兰阳书院"一处。以高薪聘请饱学儒士担任各校"山长"（校长）和塾师。儿童上学，每月给衣食补助，称为"膏火费"。按考试成绩好

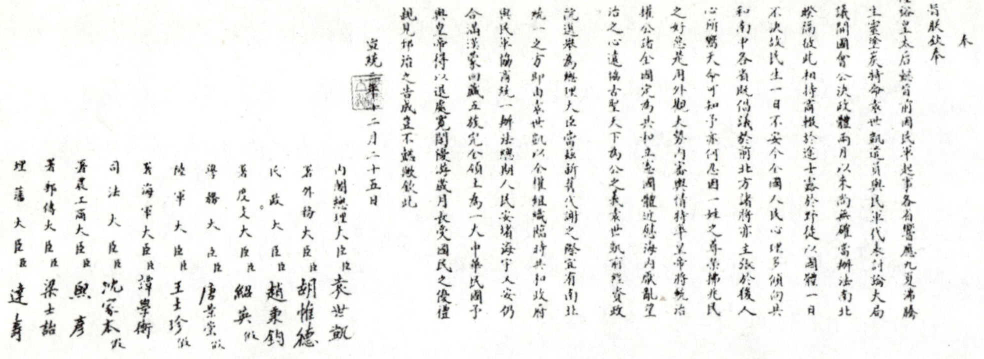
朕欽奉
隆裕皇太后懿旨：前因民軍起事，各省響應，九夏沸騰，生靈塗炭，特命袁世凱遣員與民軍代表討論大局，議開國會公決政體。兩月以來，尚無確當辦法。南北暌隔，彼此相持，商輟於塗，士露於野，徒以國體一日不決，故民生一日不安。今全國人民心理多傾向共和，南中各省既倡議於前，北方諸將亦主張於後，人心所嚮，天命可知，予亦何忍因一姓之尊榮，拂兆民之好惡。是用外觀大勢，內審輿情，特率皇帝將統治權公諸全國，定為共和立憲國體，近慰海內厭亂望治之心，遠協古聖天下為公之義。袁世凱前經資政院選舉為總理大臣，當茲新舊代謝之際，宜有南北統一之方，即由袁世凱以全權組織臨時共和政府，與民軍協商統一辦法，總期人民安堵，海宇乂安，仍合滿漢蒙回藏五族完全領土為一大中華民國，予與皇帝得以退處寬閒，優游歲月，長受國民之優禮，親見郅治之告成，豈不懿歟。欽此。

宣統三年十二月二十五日

內閣總理大臣臣袁世凱
署外務大臣臣胡惟德
民政大臣臣趙秉鈞
署度支大臣臣紹英假
學務大臣臣唐景崇假
陸軍大臣臣王士珍假
署海軍大臣臣譚學衡
司法大臣臣沈家本假
署農工商大臣臣熙彥
署郵傳大臣臣梁士詒
理藩大臣臣達壽

大清退位诏书

坏还另有奖赏。一切官学费用均从“永济库”支付。绿营办学较晚，学习条件也差。道光十一年（公元1831年），马兰镇总兵钟昌“捐银二百两，交给遵化州发商生息，以作塾师束修之用”，创办义学一所。

清逊帝溥仪

虽然守陵人享受优厚的俸禄和待遇，然而他们的大多数家庭并不富裕。而且同样是守陵人，也会因为岗位分工不同有贫富差距。于是当地流传着这样一首谚语：“穷八旗，富内府，不穷不富是礼部，绿营不好也不坏，挨打受骂是树户。”那时候的人都有着严重的封建腐朽生活观念，这些人难免滋生了依靠大清政府给的“铁饭碗”而不求进取的心理，于是就产生了这样的生活困境：常常是上半年未满，而下半年的俸饷早已预支花光，刚领出饷米就卖给米商，银两用光，而米价又涨。何况由于他们特殊的身份，当时的朝廷不允许他们经商、耕地，身无一技之长的他们生活很是困难。

从咸丰年开始，守陵人的陵寝俸饷开始只实发70%的俸银，其余的30%发给钞票。由于钞票经常不能兑换货物，发到手里的钞票大部分变成废纸。咸丰六年，俸银只能发一半。咸丰七年（公元1857年）八月，在东陵发生了八旗披甲文惠等人闯入衙署闹饷事件，迫使朝廷采取了一些变通饷项的措施，如银九票一、银八票二等。到了同治二年（公元1863年），改为发放80%的银两，不再搭配钞票。随着守陵人的生活状况日渐困顿，东陵守护大臣载华在给皇帝的奏折中写道："当差苦累，亦属实在情形……米价日增，银价低减，非但兵役不敷养赡，即官员亦形艰窘。"这一奏折真实反映了当时守陵人的生活概况，并且一直延续了同治、光绪、宣统三朝50多年。

让守陵人没有想到的是，有一天他们会断了皇粮，"铁杆庄稼"也会有没有收成的日子，铁饭碗变成了讨饭碗。

宣统三年（公元1911年），宣统皇帝溥仪逊位，按照清皇室与民国达成的《关于大清皇帝辞位之后优待之条件》第四款："大清皇帝辞位后，其宗庙、陵寝，永远奉祀，由中华民国酌设卫兵，妥慎保护。"《关于满、蒙、回、藏各族待遇条件》之五："先筹八旗生计，于未筹前，八旗兵弁俸饷，仍旧支放。"据以上规定，清皇陵和看守皇陵人员的待遇仍然有法律保障。但在实际操作中，由于民国政府承诺给清皇室的经费不能全额兑现，而且越来越少，虽然分配给守陵人不少的土地以维持其生活，但由于守陵人长期的寄生生活方式，根本不懂得耕种和经营，

冯玉祥

土地不是被贱卖就是被荒弃着，他们又无手艺和特长，守陵人的生活开始出现了缺吃少穿的局面。

虽然在1915年经东陵守护大臣载泽奏请，开始在东陵风水后龙地区开垦荒地。但是在1924年11月，冯玉祥将已逊位的溥仪赶出紫禁城之后，此时的清东陵管理机构已经是名存实亡了。从此，守陵人就彻底断了俸饷。由于看守皇陵旗人的"铁饭碗"没有了，其原先固定的生活方式被彻底打破了，"铁饭碗"在这时候最终成为了历史，没有生活了保障的守陵人和他们的子弟，彻底陷入水深火热的生活中。尽管如此，许多守陵人的老爷架子还是十足：依旧顶着花翎帽，穿着补子衣，迈着四方步，哼着小曲招摇过市……当面临着冻死饿死的残酷现实时，一些人开始打起皇陵的主意：东陵地区地面上有数百万株树木，各陵寝有各种祭祀用的器皿，还有大量的无价之宝随葬地下。

1925年，直、奉军阀先后进驻东陵，对东陵的树木大肆砍伐，变卖充饷。旗人中有翼长恩华等人联络马兰镇总兵，不经当时的守护大臣毓彭、溥多的同意，开始在陵寝前圈设立木植局，并大张布告拍卖树株：

天津张园

库款支绌，薪俸无著，凡为旗丁，苦状难言，……旗丁流落他乡者有之，贫困不能自给，因而不能尽职者有之，竟致陵务废弛，无人管理。值此艰难达到极点之时，不能不设法外治法，以资救济……。因思以有用之木材任人日偷月攘，同归于尽，不如由公家自行砍伐……，变价提省办公。

1925年6月，河北直隶公署字第57号公函这样提到清东陵的现状：

遵查自去岁政变，彭、多两守护及前汪总兵均行移住京津。东陵一切事务无人管理。竟致林木被人盗伐殆尽，荒地擅行私垦，种种废弛，不堪枚举。

对此，守护大臣毓彭、溥多只能向民国政府控告民国一军第九师：

……稍有人心者，当无不太息流涕也。毓彭、溥多分属宗支，职司守护，既无禁止之力，又无呼吁之门，疾首痛心，难安寝馈，用是涕泣陈请执政府，赐主持公道，实行保护。

这一不起任何作用的悲哀控诉，却真实地反映了当时的守护大臣徒具虚名而无有实权的状况。看守陵寝的人员只有靠典卖府中的家产和陵寝的物品维生了。

而守护大臣毓彭在1925年农历八月十七日给天津张园胡大人的信中则这样说：

……护理总兵张之庆于毓彭未到任以先，听本地奸人之计划，视陵寝为奇货可居，凡官产官物一律排卖。各陵瓷器一百二十余件业已装箱运走，当铺所存软件，现正查点出售。红墙以内树株擅自砍伐。桃花寺行宫早已变价。其余裕陵圣容及蓉妃圣容均行携入署中。仓房官所任意标价出售。独收私垦之租，强占守护之府。观其行为，非将陵寝一网打尽不止。毓彭因病未能往见，而张之庆即于毓彭到任次日遂赴京津运动实任，并填写排(编者按：应为“拍”)卖官物官产表册，请示张少帅，现在尚未回任。该镇如此行为，将来能否与之合作，实难逆料。

东北奉军驻扎在东陵地区期间，终日“打白面（不给军人白面吃就打你）、骂粳米(不给粳米就骂你),不打不骂逗妇女”。东陵人的生活更是雪上加霜。

据有关资料显示:东陵一带原有满族人3万多,到建国前,由于冻饿、卖儿卖女和外迁逃亡等各种原因,人口竟减少到不足一万人。特别在日伪统治时期,东陵一带的人民又陷入殖民地的深渊,遭到日本鬼子肆意践踏,百般蹂躏,广大满族人民苦不堪言。

人的生命是最珍贵的。在生命无法受到保护的前提下,清东陵的安全就更没有人顾及了,更有甚者,为了生存,原先守护东陵的许多人,内外勾结,大肆盗窃陵寝的物品。而此时的东陵地区也因为中国政局的动荡、人事的更迭、各路军阀的大打出手,加上当地人的生活无法保障,兵、匪、民的混合群体在东陵地区游荡,清东陵各陵寝地下珍宝被盗已经不可避免。

第二章　康熙大帝与景陵

康熙皇帝是清朝入关后的第二个皇帝，既然他的皇阿玛葬在了清东陵，那么他理所当然也要葬在清东陵，那么他在相度陵址时，遵循着怎样的风水标准？康熙帝作为清代最有政绩的一位皇帝，在遵守旧制的同时，还不断学习关内汉文化的精髓。他进行了满族皇室丧葬制度一系列的重要改革，满汉更加融为一家人。

康熙，因天花当上了皇帝

康熙帝之所以能当上皇帝，在一定意义上说，“天花”这种传染病帮了他的大忙。

清初，在人们心中最恐惧的不是饥饿，而是一种流传病——天花，民间甚至有俗语说：“生了孩子只一半，出了天花才算全。”

天花，中医称“痘疮”。因病毒可引起人高烧，浑身乏力，恶心呕吐和严重

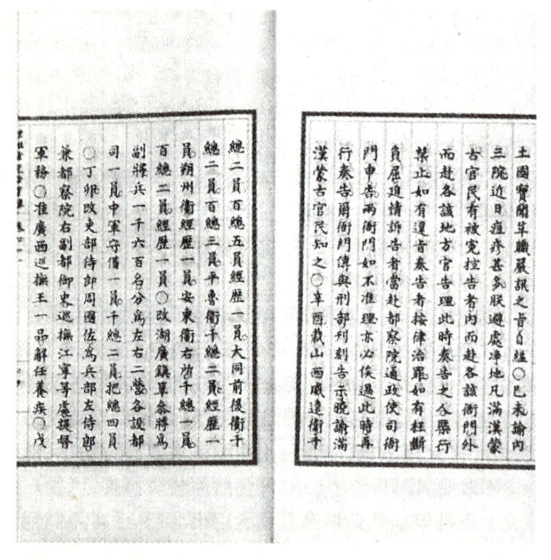

土國寶聞革職嚴訊之旨自縊○己未諭內
三院近日痘疹甚多朕避處淨地凡滿漢蒙
古官民有被冤控告者內而赴各該衙門外
而赴各該地方官告理此時奏告之各縣行
禁止如有違旨奏告者按律治罪如有枉斷
負屈迫情訴告者當赴部察院通政使司衙
門申告兩衙門如不准理亦必俟過此時再
行奏告爾衙門傳與刑部刊刻告示曉諭滿
漢蒙古官民知之○辛酉裁山西威遠衛千

總二員百總五員經歷一員。大同前後衛千
總二員。百總三員。平魯衛千總二員。經歷一
員。朔州衛經歷一員。安東衛右所千總一員。
百總二員。經歷一員○改湖廣鎮筸參將為
副將兵一千六百名分為左右二營各設都
司一員。中軍守備一員。千總二員。把總四員
○丁卯改吏部侍郎周國佐為兵部左侍郎
兼都察院右副都御史巡撫江寧等處提督
軍務○准廣西巡撫王一品解任養疾○戊

《清实录》中记载顺治八年十二月避痘停朝上谕

皮疹，这种病的死亡率很高，一般可达25%，有时甚至高达40%，即使幸存，也会在脸上留下永久性的疤痕或失明。可怕的是这种病是一种烈性传染病，一传十、十传百，在短时间内就能造成大量人员染病和死亡。而当时人们对于这种病的认识很少，只能采取预防和隔离手段。

清政府为了应付天花对人的威胁，在人口户籍管理上实行了一种特殊的身份管理办法，将居民分为“熟身”与“生身”。“熟身”是指出过天花或者经历接触过天花的人；“生身” 则是指没有出过天花或者怀疑有可能携带天花病源的人。并严格规定：一旦发生病疫预报，“生身”皆不准留在城中。致使当时一些感冒发烧、风疹疥疮等与天花相似的患者，也被一刀切地迁出城外。“贫苦小民移居城外，无居无食，遂将弱子稚女，抛弃道旁。”

蒙古各部落是清朝视为最可依赖的力量，清初，和睦蒙古是清廷不可动摇的基本国策。清太宗皇太极规定：每年蒙古各部落首领都要入朝觐见皇帝。即使在天花流行时期，皇太极也坚持执行。但因为顺治皇帝畏惧天花病的传染，竟然破坏祖制，不再接见“生身”身份的蒙古王公，因此从亲政的第八年头起，连续6年不接见前来朝见的蒙古王公。后来又规定没有出痘的蒙古王公不许入京觐见皇上。康熙初年，这个问题也没有得到很好的解决。当时康熙帝对于一些元旦来朝的外藩蒙古首领们自称已出过痘一事表示担忧。康熙十年(公元1671年)十二月二十七日，降谕理藩院：“凡元旦来朝外藩王等，虽云已经出痘，朕犹虑之。伊等所云出痘，信耶？疑耶？”

汤若望像

顺治十一年三月十八日（公元 1654 年 5 月 4 日）康熙帝刚出生时，正值京城天花大流行，不得不由乳母抱出紫禁城，寄身于西华门外的一座宅邸(雍正时改为福佑寺)中“避痘”，长期得不到父母之爱。尽管如此，康熙帝 2 岁那年，还是患上了天花，在乳母、正白旗汉军包衣曹玺之妻孙氏悉心照料下，康熙帝竟然从天花的魔掌中挣脱出来，但脸上却留下了与痘魔殊死搏斗的点点痕迹。对此，康熙帝在《圣祖庭训格言》中说：“朕幼年时未经出痘，令保姆护视于紫禁城外，父母膝下未得一日承欢，此朕六十年来抱歉之处。”躲过天花之劫，幼小的康熙帝进了紫禁城，但天花的阴影一刻也没离去。灰色的宫中“避痘”岁月，像是一场噩梦。由于天花连年爆发，深宫中也常常一夕三惊。如果宫中有人得了天花，父皇等就会出宫“避痘”。如果城中有天花病人，四周就得用绳子围起来，谁也不准随便进出。

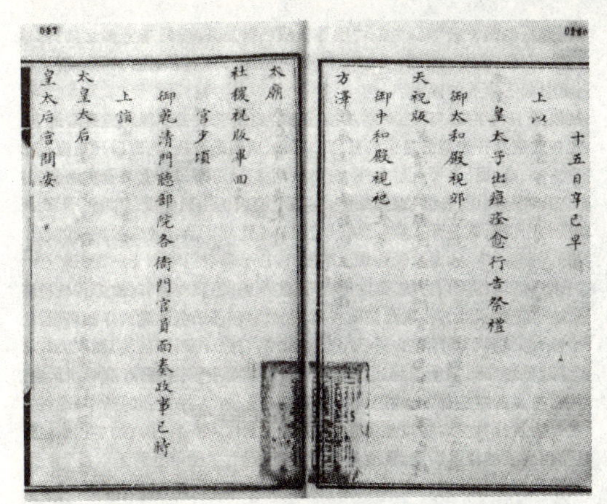
十五日辛巳早
上以
皇太子出痘痊愈行告祭禮
御太和殿視郊
天祝版
御中和殿視祀
方澤
太廟
社稷祝版畢回
宮少頃
御乾清門聽部院各衙門官員面奏政事巳時
上詣
太皇太后
皇太后宮問安

康熙十七年(公元 1678 年)《起居注》中记载皇太子出痘痊愈

顺治十八年(公元 1661)正月，不幸的事情还是发生在了顺治皇帝身上。顺治皇帝得了天花，他临死前，不得不考虑皇位的继承问题。长期以来顺治皇帝一直看好次子福全，想立他为太子，而顺治皇帝的母亲孝庄文皇后则倾向于立皇三子玄烨。双方意见相持不下，只好求助于第三者的仲裁。这个第三者，就是在宫中当差的德国传教士汤若望。

汤若望，原名约翰·亚当·沙尔·冯·贝尔(Johann Adam Schall von Bell)，是明末来华的耶稣会传教士。公元1592年5月1日生于德国莱茵河畔的科隆城的一个贵族家庭，从小就读于著名的三王冕贵族中学。由于学习成绩突出，毕业后被保送到罗马的日耳曼学院。1611年加入耶稣会。1619年7月来到中国澳门，1623年在明朝政府供职，1651年进入清宫，与顺治皇帝建立了良好的关系。他与顺治皇帝及孝庄文后之间长期保持着亲密关系。顺治皇帝尊称他为“玛法”，满语“爷爷”。顺治皇帝曾经这样评价他说：“玛法为人无比。别的人并不是爱我，只是为了利禄而当官，所以常来求恩。他却表示对恩宠已满足，这真是不爱利禄爱君主啊！”

汤若望与顺治皇帝

由于汤若望在顺治皇帝心中占有特殊的地位，所以在汤若望的劝说和孝庄文皇后的努力下，顺治帝最终作出决定：皇三子玄烨继承皇位。其理由既简单又充分:玄烨已出过天花,对这种可怕的疾病已有了终身的免疫力。

顺治帝驾崩后，年仅8岁的玄烨顺利登上了皇帝宝座，建立了康熙王朝,并成为清代功绩赫赫的一代名主,被后人冠以“一代英主”和“康熙大帝”的称号。他对中国历史和世界文明的发展作出了重要贡献,著名清史专家阎崇年先生在《正说清朝十二帝》一书中这样概括总结康熙帝一生的功绩:

第一,削平三藩,巩固统一。

第二,统一台湾,开府设县。

第三,抵御外侵,缔结和约。

第四,亲征朔漠,善治蒙古。

第五,重农治河,兴修水利。

第六,移天缩地,兴建园林。

第七,兴文重教,编撰典籍。

第八,吸纳西学,学习科技。

阎崇年先生认为,康熙帝之所以能取得这样的事业成功,与他的为君之道有很大的关系:

对自己:好学不倦

对朝政:勤慎理政

对臣民:仁爱宽刑

对西学:虚心吸纳

对子孙:督教以严

康熙皇帝是我国历史上著名的政治家、思想家、军事家。

为女人建造的地下寝宫

孝诚皇后是康熙帝的原配皇后,她不仅是第一个葬入景陵地宫的人,而且还是因为她的早死,使得景陵的营建提前了。

康熙皇帝登上皇帝宝座时,刚 8 虚岁。当他 12 岁的时候,他的祖母孝庄文皇后就为他举行了大婚礼，新娘是比他大 1 岁的赫舍里氏，如果按月计算,实际上新娘只比他大 3 个月。

这门婚姻表面上看没有什么，实际上暗含着康熙帝祖母孝庄文皇后的一个重大政治目的:皇帝亲政,尽早掌握真正的政治权力,甩掉鳌拜的擅政。康熙帝即位之时,由于年岁太小,不能处理国家大事,他的皇父顺治帝就为他选了 4 位德高望重、为国屡建功勋的元老重臣索尼、遏必隆、苏克萨哈和鳌拜作为辅政大臣来帮助处理朝政。在这种政治体制中,康熙帝实际只是一个傀儡。在这 4 个人当中，索尼年老多病,难以过问朝政;遏必隆生性庸懦，且与鳌拜同为镶黄旗,遇事多阿附鳌拜;苏克萨哈因曾是摄政王多尔衮旧属,为其他朝臣所恶,势单力薄。鳌拜利用这些得以擅权,并结党营私,日益骄横,竟发展到不顾康熙帝的意旨,先后处死户部尚书苏纳海、直隶总督朱昌祚、巡抚王登临及辅政大臣苏克萨哈等政敌,引起朝野惊恐。由于危及

孝庄文皇后便装像

皇权的安危，杰出的女政治家孝庄文皇后把这些看在眼里，时刻想从辅政大臣手中夺回权力，而最好的方式就是皇帝亲政。要想皇帝亲政，皇帝就必须是成年人。而成年人的标志就是结婚。所以孝庄文皇后决定在康熙帝12岁的时候就为他举行大婚礼。而新娘之所以选择索尼的孙女，因为这样这样可以使年老体弱、但仍是朝野第一重臣的索尼更加效忠皇帝，使之能与鳌拜抗衡，康熙帝也因此在后宫也有支持他的精神后盾。在事实上，孝庄文皇后这一政治目的得以顺利实现。康熙帝利用一群少年在宫内练习“布库”(即摔跤，满族的一种角力游戏)，鳌拜麻痹大意的机会，将鳌拜捉拿。

孝诚仁皇后朝服半身像

康熙帝大婚后，小两口相亲相爱，不仅感情很好，而且婚后4年生一皇子，该子4岁早殇。康熙十三年(公元1674年)五月初三日皇后又生一皇子，这个皇子就是被康熙帝两立两废的皇太子允礽。未想到难产，皇后当天就死了。康熙帝非常悲痛，赠给她谥号“仁孝皇后”。后来因为康熙皇帝死后被谥为“仁皇帝”，这样就与仁孝皇后的“仁”字重了，于是，雍正帝将“仁孝皇后”改谥为“孝诚皇后”。这就是康熙原配皇后赫舍里氏为什么被称为“孝诚皇后”了。

虽然康熙帝的皇后死时只有22岁，是清朝死在皇后位上最年轻的皇后，但根据清朝葬制，原配皇后一定要与皇帝合葬在一起的，也就是说孝诚皇后作为康熙帝的原配皇后一定要葬入康熙皇帝陵。中国封建社会惯例，新皇帝即位后就要相度自己的万年吉地，兴建陵寝，清王朝也不例外，但康熙帝由于幼年即位，即位后就开始营建顺治帝的孝陵，又由于当时权臣当政，南方三藩叛乱，全国百业待兴，国力还很衰弱，所以康熙帝即位十几年来一直未能顾及相度吉地，营建自己的陵寝。既然皇后死了，营建陵寝之事不得不提到议事日程上来。

因为清朝入关第一帝顺治帝已把自己的万年吉地选在了河北遵化马兰峪昌瑞山，作为顺治帝的下一代皇帝也必然要把自己的陵墓选在孝陵附近。于是，康熙帝在孝诚皇后去世的不久就派大臣到遵化昌瑞山下孝陵附近相度自己的万年吉地。第二年十月基本选定。选定万年吉地，营建陵寝在那个年代是国家大事，因此在康熙十四年（公元 1675 年）十月，康熙皇帝借到孝陵祭祀皇父的机会，到相度大臣选定的万年吉地亲自去看了一次。他见那里山环水绕，景色秀丽，非常高兴，于是就确定了下来。

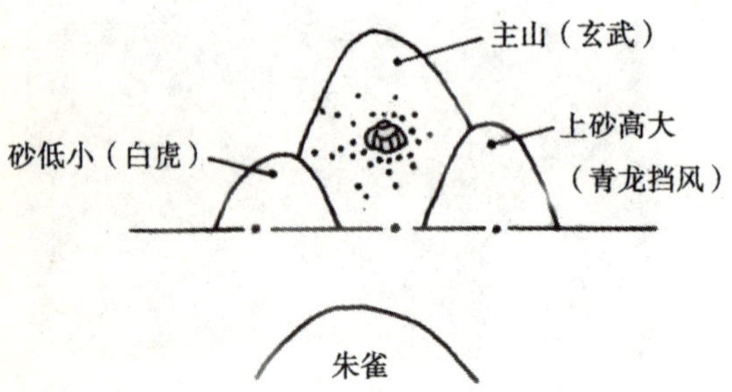

“砂”的分布示意图

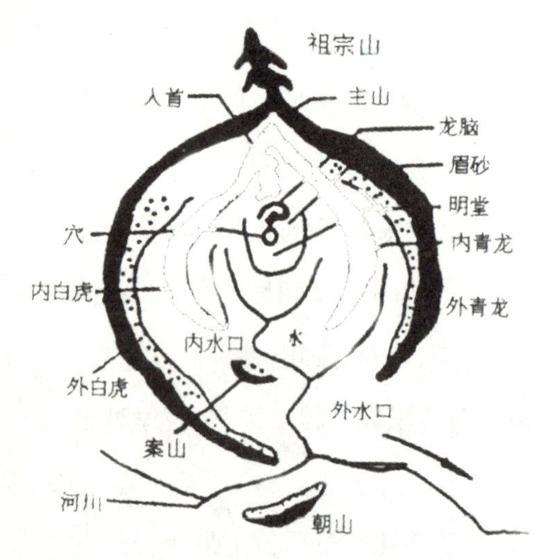

古人理想中的风水形势图

在谈及陵寝的选址时，很多的人自然就会联想起影响中国数千年的风水术。何谓风水，晋朝的郭璞在《葬经》中写道:“葬者,乘生气也。气乘风则散,界水则止,聚之使不散,行之使有止,故谓之风水。风水之法,得水为上,藏风次之。”简单说,就是只有在避风聚水的情况下,才能得到生气。

风水分为阴宅和阳宅两部分。这里主要说的是阴宅。风水观念在形成过程中产生了许多的流派,按照他们的核心取向和具体的操作手法,可以分为两大类。一类主要是考察自然地理各方面条件,通过龙、砂、水、穴等要素,以及植被、气候等陵区周围的生态景观因素,来评价风水的好坏,进而作出选择规划。这一类称“形势宗”。另一类,主要通过占星、卜筮、阴阳八卦、五行生克,以及卦理、命理的相生相克来推算风水的吉凶,选择城市、宫宅、陵墓、宗庙等建筑方位和兴造时辰, 包含着许多原始巫术和占卜的成分。这一类称“理气宗”。这就是汉代“行法家”与“堪舆家”之分和明清的“形势宗”与“理气宗”之别。前者是风水术的主流,其实践理性的科学性和美学方面都有极高的价值,所以,明清两代皇家陵寝都以形势宗为依据选择自己的陵寝。

选址是陵寝建筑的核心条件,有严密的选择、评价标准,这些标准用风水理论术语表达描述,晦涩玄奥,玄乎其玄。用现代语言表达,就是景观、生态、礼制、工程四个方面。

一、“山苞川拱”的景观标准。

陵寝选址的首要标准就是陵区山水形势格局, 也就是陵区的自然景观环境。其中最主要的就是确定山向,也就是对来龙大帐、左右砂山、远朝近案、明堂水口等陵区自然景观的空间环境构成要素,作总体上的权衡。使其表现出尊卑、贵贱、主宾、朝揖、拱卫等等关系。其次是山形、山势,也就是说陵区内的主要山峰、山脉要巍峨挺拔,秀丽丰满,特别是靠山和朝山务必要如屏、如帐,形态端庄灵秀。同时,各山峰之间要环抱有情,不避不压。这样,在景观上山水形势由山向统帅,并直接诉诸视觉感受上的高下、大小、远近、

古人风水观理想中的环山抱水

离合、主从、虚实等空间形态，显现出明晰的条理秩序，寄托了我国古代“天人合一”的理想，成为具有合于人伦道德和礼制的精神象征符号。

二、“内气萌生”的生态标准。

陵寝选址要求具有良好的生态环境。具体来说，对于陵区生态质量的评价总是从宏观到微观，从总体到局部，分层次来展开的。首先，要从宏观、总体的角度来评价一个具体选址地点的风水。要求陵区山势层叠深远，重峦叠嶂，云雾缭绕。然后再具体评价所选地点的生态环境。也就是“内气萌生，外气成形；内外相乘，风水自成”。“内气萌生”表现为带水环顾，草木繁茂，郁郁葱葱；“外气成形”表现为堂局开敞平阔，山形内敛围合，藏气聚气。充满生机的林木，对于陵区的生态和景观环境影响极大，历来是评价风水好坏的重要因素，所谓“陵寝以风水为重，荫护以树木为先”。因此，不仅陵寝选址时要选择水草丰茂之地，而且在修建完工之后还要大量种植仪树，以改善小气候，丰富陵区景观环境的空间层次。

三、“土厚水深”的地质标准。

陵寝选址要求有良好的地质条件，具体说就是“土厚水深，便于营建”。所谓土厚水深，一方面是要“取其地势之高燥，无使水近亲肤，”道光帝在东陵宝华峪营建的陵寝就是因为地宫进水被废止。陵寝是帝王的万年吉地，安放帝后灵柩的地宫无疑是整个陵寝建筑的核心，因此确保工程坚固是陵寝工程的首要任务。然而依靠当时的工程技术水平，很难在地下水位以下进行大规模的施工，更谈不上保证工程质量。因此，要保证地宫坚固，最重要的就是在建设之初，选择土厚水深的风水宝地。

四、“遵照典制”的礼制标准。

尊祖归宗是清代陵寝建筑的一条重要原则，这一原则在选址之初就必须给予充分考虑，成为陵寝选址的又一主要标准。如道光朝以前各陵除孝陵为长圆式，其余景陵、泰陵、裕陵、昌陵以及宝华峪道光陵，均为圆式。此后惠陵、崇陵，效法定陵制度，呈长圆式。

纵观清代皇陵，其形式上大多无异于一般宫殿建筑，也并无慑人的体量和尺度，但融汇于山川之中，产生了极强的艺术感染力，形成了庄重而又自然的纪念性气氛。究其根源，在于“陵制与山水相称”的设计理念，在于其“相

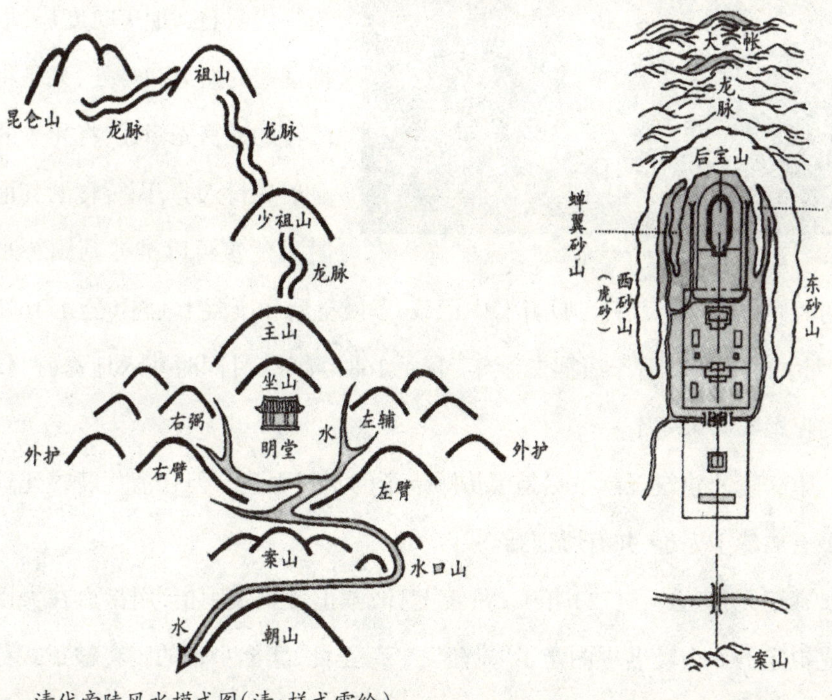

清代帝陵风水模式图（清·样式雷绘）

景陵鸟瞰

地选址”、“看风水”的过程。

康熙十五年（公元1676年）正月十三日，康熙皇帝向礼部和工部发出一道上谕：“仁孝皇后陵寝已卜定于孝陵附近之山，理应备依典制营建，但目前今军需浩繁，民力维艰，著将地宫先行修造，其余一应工程候国用充足之日次第举行。”同年二月初十日正式破土动工。康熙皇帝不愧为一代明君，他审时度势，根据国家的财力和难处，只是将陵寝的地宫先修建，将死去的皇后先行入葬，而陵寝的其他附属建筑可以推迟到国势平安的时候再建。《大清会典事例》中记载，孝诚皇后和康熙十七年（公元1678年）死去的孝昭皇后于康熙二十年（公元1681年）三月同时葬入地宫时，景陵的隆恩殿尚未完工。

康熙陵的建筑规制虽然是模仿顺治帝的孝陵而建，但在清代陵寝建筑史上更加趋于完善，并有所创新。

雍正元年（公元1723年）二月十七日，雍正帝刺破手指，用指血在大臣事先拟定的6个陵名中圈定了“景陵”二字，至此，康熙皇帝的陵寝被正式称作“景陵”。康熙陵的命名是清代皇帝惟一用血指圈定的。景陵的满语译音是

“安巴灵武蒙安”。景陵地宫内葬康熙帝和4位皇后1位皇贵妃,共计6人。其附属陵寝建筑是景陵皇贵妃园寝和景陵妃园寝。

改革与创新

顺治帝的孝陵是清东陵的首陵,是清朝入关后营建的第一座皇帝陵,因此,该陵寝建筑规制和人文文化深受明陵影响。虽然顺治帝在生前就选定了河北遵化马兰峪境内的昌瑞山作为自己的万年吉地,并希望自己的子孙后代都将葬在清东陵这块关乎大清万代江山社稷的祖宗墓地,但是由于满族人常年在关外,并没有创立自己正式统一的陵寝建筑规制,甚至人死后只是简单地将遗体火化,将骨灰随身携带。但顺治皇帝英年早逝,其孝陵又是在国家动乱时期兴建的,其建筑规制明显是模仿明陵建制,其质量也因为国库空虚而受到影响,很多建筑材料大量使用了明代建筑旧料。因此,虽然清

景陵方城明楼及石五供

景陵方城前无玉带河

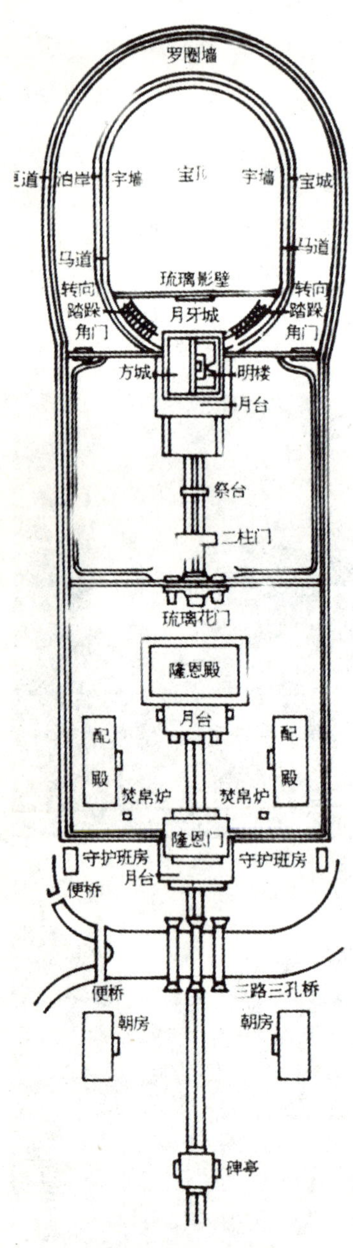

景陵平面图

东陵第一座皇陵是顺治帝的孝陵，但只是在规模上宏伟壮观，在建筑形式上只能是后代帝王陵墓建筑的一个基本蓝本。而康熙皇帝的景陵虽然是清王朝入关后营建的第二座皇帝陵，但它在规制和规模上对后世的皇帝陵营建却起到了承前启后的作用,还在一定程度上规范了子孙陵寝的规制。

景陵的大体规制是，地宫上建宝顶，环建宝城。宝城前建方城,上建明楼。方城前设石台五供,前为二柱门,又前为陵寝门。方城前没有玉带河。前院正中建隆恩殿,殿前左右为配殿、东西燎炉。前面正中为隆恩门,环以红墙。隆恩门外左右班房各3间，前横马槽沟一道，上并排建三孔拱桥3座,桥南东西朝房各5间,正南面是神道碑亭,碑亭前为牌楼门,再前为5对石像生,南端为1对石望柱。石像生东侧为神厨库。东西下马牌各1座。石望柱南为五孔拱桥。桥南为圣德神功碑亭,亭外海墁四角各立1根华表。神道与孝陵神道相接。各单体建筑形制与孝陵相同。

一、景陵在孝陵模式基础上进行了许多改革

1.首创圣德神功碑亭立双碑　景陵确立了日后非首陵建圣德神功碑亭(俗称大碑楼),树立双碑的制度。圣德神功碑亭，建筑规制是重檐歇山顶，四面檐墙各辟一券门。亭内正中的石雕龟趺(龙的头、龟的碑座称之为龟趺)上树着一座近7

米高的石碑。碑文用满汉两种文字镌刻，碑文记述墓主人一生的功绩。其附属建筑是海墁四角各树一根华表。在清代陵寝建筑中，只有顺治帝及其以前的皇帝陵的功德碑亭才能称之为神功圣德碑亭，从康熙帝的景陵开始一律改称为圣德神功碑亭。

被烧毁的景陵圣德神碑外景

碑亭内驮石碑的龟趺现在多称为赑屃，是传说中龙生九子之一。据史载属龟科，喜文，擅长负重，故多置寺庙、陵寝以为碑趺。龟在我国古代有着崇高的地位，它和龙、凤、麒麟一起被古人尊称为“四灵”。殷商时代，就用龟甲做为占卜的材料。战国时期大将的帅旗上绣乌龟，以祈求胜利。汉代以后，文武百官多以乌龟作印钮。古代天文学家，把天上星宿分为四方，北方玄武就是用龟来表示的。所以古时多建北帝庙（俗称龟神庙），旗帜是黑

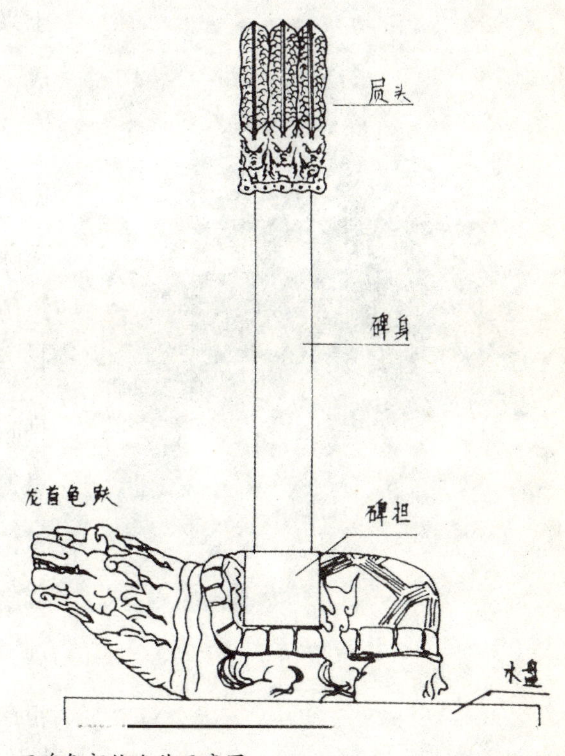

石碑各部位名称示意图

底七星，表示北斗七星，示意所领北方星宿，黑色即源于乌龟的颜色。

明十三陵只有主陵长陵建了神功圣德碑亭，位于陵区正门的迎面正中，起着统驭全陵区的作用，其他 12 座陵均未建立。清孝陵的神功圣德碑亭在清东陵陵区内所处的位置以及所起的作用与明长陵一样。

古制，陵寝的功德碑均由后人树立。

景陵建不建神功圣德碑亭?是否仿照明十三陵规制?当这些实际问题摆在了雍正皇帝面前时，经过谨慎的思考后，他认为皇父“集千圣之大成，超百王而首出，鸿猷骏业，史不胜书”，应该建圣德神功碑亭。经众臣会议，也一致赞同。景陵圣德神功碑亭遂于雍正三年(公元 1725 年)四月二十四日正式破土兴工，于雍正七年(公元 1729 年)建成。

景陵大碑楼内双石碑(1952 年被焚，1954 年拍照)

孝陵的神功圣德碑亭因受明长陵影响，碑亭内树碑一统，满汉文字都刻在碑的正面。建景陵大碑楼时，最初也想仿孝陵之制，建一统碑，可是碑文太长，即使把字体缩小，仅汉字就把碑面排满，满文无处容纳。雍正皇帝经过深思熟虑，想出了解决的办法，他说:“圣祖仁皇帝在位六十余年，功德隆盛，文章字数太多，一碑不能尽载，宜建立二碑，一刻清文，一刻汉文。然此碑若比世祖章皇帝碑亭宽展，恐有未安。即或加宽，必不可加高。”于是，景陵大碑楼内并排树立双碑，左碑刻满文，右碑刻汉文。后世的泰陵、裕陵、昌陵也都效法景陵，各自建了圣德神功碑亭，而且不管死者生前功业多少，不论碑文长短，一律树立双碑，成为定制。道光皇帝认为自己的功德远不如他的列祖列宗，因此，他留下遗嘱，告诫他的子孙不要给他树功德碑了。咸丰皇帝不敢违背父命，果然没有为其皇父建圣德神功碑亭。以后清朝各帝一帝不如一帝，国势更衰，道光帝尚且不敢建大碑楼，其后各帝则更不敢建立了。

在景陵圣德神功碑亭四角相等距离之处，各树有1根洁白晶莹的盘龙石柱，正式名称叫华表，又称擎天柱。

在清东陵共有3组华表，顺治的孝陵、康熙的景陵和乾隆的裕陵。这些华表都立在须弥座上。须弥座又名“金刚座”，系佛像底座，是我国传统建筑的一种台基。一般用砖或者石块砌成，上有凹凸线脚和纹饰。“须弥”是梵文“苏迷卢”的讹略，意译“妙高”，是古印度传说中的山名，以它为人们所住世界的中心，日月环绕此山回旋出没，三界诸天也依之层层建立。

景陵华表高12米，柱身周长4米多，自下而上盘绕着1条升腾的五爪巨龙，穿云戏珠，栩栩如生。龙首上方穿插一块镂雕的如意云板。华表柱身顶上的承露盘上，蹲坐着一个石兽，汉朝、南朝时多为避邪。宋代时传说有一个叫丁令威的人学仙成道，化鹤归去，曾降于辽东华表上作歌，所以此后往往在华表顶上做一对鹤。再晚些时候，鹤变成怪兽状，这种怪兽似犬非犬，遍体鳞甲，腆胸昂首，翘起

孝陵神功圣德碑亭及华表(天津大学王其亨摄)

景陵华表石栏柱上8个小石狮子

的尾巴与鬓发相连，弯曲的象鼻子冲着天空。此怪兽名曰犼。《集韵》："犼，北方兽名，似犬，食人。"又据华表顶端石犼之姿态，人们都叫它望天犼。两兽向南，两兽向北。传说面向北朝着皇宫里的一对兽，叫"望君出"。意在奉劝帝王不要久居深宫，应该到皇宫外去体察民情。面向南朝着皇宫外的一对兽，叫"盼君归"，意在期望着帝王外出时莫贪恋湖光山色，要及时回朝，治理政务。华表四周还有望板和栏板，都雕有蔓草、云纹和各种姿态的龙纹图案。仅一个华表周身及栏杆上就有96条龙。望柱是连接栏板的立柱，在8根望柱头上，分别雕着牡狮戏绣球和牝狮要幼狮。

清东陵的华表比北京天安门前金水桥旁边的华表还要豪华高大。北京天安门的华表只有四根望柱，每个望柱顶上一个石狮子，而且在粗大和高矮上也是无法与清东陵的华表相比。

2.景陵首创皇帝御书碑、匾和碑匾用宝之制　凡清代帝、后陵，在明楼、大殿、宫门上分别悬挂斗匾一方。明楼上的斗匾题写陵名，大殿的斗匾题写"隆恩殿"，宫门斗匾题写"隆恩门"。神道碑和明楼内的朱砂碑上镌刻皇帝庙号、谥号,如:“高宗纯皇帝之陵。”皇后陵的神道碑及朱砂碑上均为皇后谥号。清制,在帝、后入葬之前,陵寝就要镌刻碑文,悬挂斗匾。孝陵和孝东陵这些碑、匾上的汉字不是康熙皇帝的御笔。

雍正元年(公元1723年),经钦天监择吉,选定本年九月初一日为康熙皇帝、孝恭皇后梓宫入葬山陵的日期。八月初十日,雍正皇帝召见九卿及南书房翰林,对他们说:“景陵碑匾事关重大。诚亲王、淳亲王素工书法,朕已令其书写。翰林中善书者亦令其恭写。朕早蒙皇考庭训,仿学御书,常荷嘉奖。今景陵碑匾,朕亦敬谨书写。非欲自耀己长,但以大礼所在,不亲写于心不安。尔诸臣可公同细看,不必定用朕书,须择书法极好者用之,方惬朕心。”众大臣何等聪明,结果自然是皇帝的御笔中选。大臣们恭维说:“御笔之妙,天矩自然,而仁孝诚敬之意流溢于楮墨之间,正与陵寝大事相称。圣祖仁皇帝在天之灵实为欣慰。”所以,景陵碑、匾上的汉字都是雍正皇帝的亲笔御书,而且在这些碑匾的落款处有“雍正尊亲之宝”的宝文。自景陵以后,帝后陵碑匾上的文字一般都由嗣皇帝书写,并钤盖宝文,成为定制。

3.规范“满、蒙、汉”文字字体大小　孝陵和孝东陵及以前清朝皇帝陵碑匾上的满、蒙、汉3种文字大小不一致,满字不仅居中,而且字形明显大于汉、蒙文字,而景陵碑、匾上的3种文字则大小完全一致。自景陵以后,各帝、后陵碑、匾上的3种文字均大小一致。

二、康熙景陵在附属建筑上的创新

1.景陵的五孔拱桥　景陵的五孔桥在大碑楼北,桥体全部用青白石构筑而成,桥两边安设有石栏板。栏板之间的望柱有装饰并起到加固连接栏板之作用。柱身两面做盒子心,柱头呈桃式。桥的每侧安装了62根,栏板各有61块,也同样雕有和谐的曲线作为装饰。桥面由13路条石铺成。景陵五孔桥全长107米,宽10余米,其规模宏大,石料精良,在清一代陵寝建筑中实为罕见。

2. 景陵石像生建在弯曲的神道上　受景陵的地理位置的影响，在五孔拱桥与神道碑亭之间的神道上，并不生搬硬套采取神道以往的笔直做法，而是建在了弯曲的神道上。因此，景陵石像生的布局也有别于清代所有的帝陵，是清代所有陵寝规制中的唯一特例，究其原因是神道受地势的限制。原来此段地形受砂山下流出的小河影响，而神道随地形的变化而随弯就弯，矗立神道两边的石像生也只能因神道的弯曲设立了。这样反倒使得呆板的模式呈现出灵活多变、步移景换的效果，这种巧妙的设计方式，体现出当时人们的聪明和才智。石像生的设立，不仅显示其墓主人身份和地位等级，还起到了一种装饰作用。石像生成双成对地设在神道的两侧，除了显示排场，更给人一种神圣不可侵犯的感觉。

现在景陵隆恩殿斗匾上的字是重建后写的，并非雍正帝御笔

值得一提的是，景陵石像生是乾隆皇帝时期补建的。原来人们总以为这5对石像生是建陵时就有的，后来经过著名清陵专家徐广源先生的研究发现，“景陵石像生与孝陵石像生相比，无论在规模上、技艺上还是风格上，都相差甚远。而与晚建67年的乾隆皇帝的裕陵石像生却颇为相近，如出一人之手。”经过查阅大量清宫档案，最终确定是由乾隆帝给康熙陵补建的。景陵石像生从北往南的排列顺序为：文臣、武士、马、象、狮。石像生的南端是1对大望柱。

3.景陵始建牌楼门　石像生北端的那座建筑称为牌楼门。牌楼门的构造是五间六柱五楼，使用六根四棱石柱做支架，以中间两根为最高，每根石柱上有个望天犼蹲在须弥座上，东边三柱的望天犼面朝西，西面三柱的望天犼面朝东，形成了与孝陵龙凤门不同的独特格局，这为清陵建造牌楼门开创了先例。

景陵五孔拱桥

4. 景陵神道碑亭的位置

神道碑亭是神道上的一座重檐歇山顶、四面檐墙各辟一券门的单体建筑，因形制与大碑楼相似，故俗称小碑楼，其位置在陵寝隆恩门（俗称宫门）前，陵寝三路三孔桥的南面，而孝陵则建在三路三孔桥的北面，在这之后，帝后陵的神道碑亭大都效仿景陵建在三路三孔桥的南面，只有泰陵、昌陵例外。

景陵五孔桥和圣德神功碑亭老照片

5. 景陵神厨库和马槽沟

一般的神厨库建在东朝房后偏南一些，而景陵因东侧有连绵不断的自然砂山，东朝房后面实在没有地方，神厨库只能因地制宜建在石像生东侧的

神路弯弯中的石像生与五孔桥

景陵望柱及石像生老照片

景陵石像生中的石象老照片

景陵石像生中的武士老照片

山脚下一片平地上，坐东朝西，这样自然会距东朝房远些，打破了惯例。作为排出陵寝内外积水的马槽沟，同样是因地势而建，东宽西窄，以适应疏通积水的需要。

三、景陵在丧葬制度上的改革

殉葬是满族旧有的丧葬风俗。《宁古塔志》记载：男子死，必有一妾殉。当殉者必于主前定之，不容辞，不容僭也。当殉不哭，艳装而坐炕上，主妇皆下拜而享之。及时，以弓弦扣环而殒之。倘不肯殉，则群起而扼之死矣。

比如，1626年努尔哈赤死后，大妃与另外两个妃同时殉葬。而公元1661年顺治帝死，尽管没有明令殉葬者，但还是有一男一女为之自尽，男的叫傅达礼，死后被埋葬在清东陵东侧。女子被康熙帝追封为贞妃。

殉葬是指被迫或者所谓的“自愿”的非正常的死亡。清代自康熙朝开始，就严禁人殉葬。

四、陪葬制度上的创新

1. 景陵开创了帝陵先葬皇后之制　景陵之前的永、福、昭、孝4陵，或帝后同时入葬，或皇后晚于皇帝入葬。康熙皇帝的孝诚皇后、孝昭皇后于康熙二十年（公元1681年）入葬景陵，孝懿皇后于康熙二十八年（公元1689年）葬入景陵。这3位皇后入葬后，没有关闭地宫石门，只是在地宫入口处临时安1道木门，以待皇帝。直到雍正元年（公元1723年）九月初一日康熙皇帝、孝恭皇后、敬敏皇贵妃入葬后，才把地宫石门关闭，填平隧道，大葬礼成。自景陵首创帝陵先葬皇后之制，裕陵、昌陵、慕陵也都采用了这一做法。

景陵弯曲的神道北段的牌楼门

景陵牌楼门老照片

景陵牌楼门和神道碑亭

2. 景陵首开皇帝陵内祔葬皇贵妃的先例　雍正皇帝在谋取皇位的斗争中，他的众弟兄大都与他离心离德，有的甚至成为仇人，唯独十三弟允祥对他最为忠心，使雍正皇帝深受

景陵神道碑亭正面

景陵神道碑

感动，视允祥为心腹。因此即位后不仅给了允祥以重要职务，就连允祥的生母章佳氏也身后地位大增。雍正元年（公元 1723 年）六月，雍正帝将已死 24 年之久的敏妃章佳氏追封为敬敏皇贵妃，连升二级，并祔葬景陵。这无论对允祥还是对章佳氏家族，都是难得的殊荣和恩典。自景陵首开皇帝陵内祔葬皇贵妃的先例后，泰陵、裕陵内也都入葬了皇贵妃。

另外，在这里特别值得注意的是，笔者曾在查看历史档案中发现，自康熙朝，清代帝陵的陵寝工程开始实行对外承包的形式营建，具体做法是将陵寝各工程分工段、分进程交由专门经营土木工程的木厂承包。这样既能保证工程质量，还能在一定程度上可以拖延资金的垫付，缓解资金的紧张。

另外，笔者在景陵工作期间，不止一次听当地村民说起在附近发现多处石灰地窖的事情，虽经过300余年，那些深埋在地下的石灰膏依然能使用，并且质量相当好。

聖祖仁皇帝之陵

景陵朱砂碑上的满汉文碑文(临摹)

康熙帝的景陵作为清朝入关后的第二座皇帝陵，其陵寝建筑无论在规制上还是在丧葬礼仪上，对清代后来的帝王和后妃陵寝都产生了巨大的影响。康熙帝不仅继承和发展了他父皇顺治帝孝陵的优点，还根据实际的需要加以补充和改革，这不仅与清朝入关后受中原文化的影响有关系，还与康熙帝本人的勤奋好学有关。康熙帝作为清代一位受过系统儒家思想教育的帝王，对汉文化中的儒学思想还有其独特的见解。他不仅举行“博学鸿词”考试，组织编写了大型工具书《康熙字典》，并且还大量提倡和推广了汉族文化，其中包括丧葬礼仪。

康熙:皇后禁止火葬

景陵以前的4座皇帝陵埋葬的帝后都是火化的，其地宫内安放的都是“宝宫”，即骨灰坛。而景陵地宫内的1帝4后1妃尸骨则均未火化，而是以棺椁装殓的形式入葬的，这说明清皇室已接受汉族风俗影响。

康熙帝在位时，清朝入关已久，而康熙帝又是少有的一代英主，他在思想上崇尚汉族文化，在行动中提倡和推广汉族文化，并且还借鉴和发展了汉族丧葬礼仪，并为他所用。他认为汉文化丧仪中“人死入土为安”是对生命的

景陵妃园寝西班房，笔者曾在这里工作生活了10个月

最大的尊重，人来源于自然，死后就要回归自然。他这样解释说：人死后，用棺椁埋葬，筑坟植树，是为了厚人伦，行孝道。皇后死后不再实行火化，只能算是满族丧葬风俗变化的一个开始，并不是一个完整全面的改革。因为这时候开始的禁止火化，只局限于皇帝、皇后、皇贵妃和皇太后，而皇帝的皇子、皇女等皇室成员乃至满族平民依然采用火葬。比如，康熙二十二年(公元1683年)，康熙帝最喜爱的表妹皇后孝懿皇后佟氏生养的皇八女，出生刚刚25天就死了，其入葬的方式依然是火化。康熙帝对此的解释是：“我朝之先例，幼童概不制棺。如若事出，切勿制棺，并不论何时，即于彼时用单被裹出，送一净地火化，勿殓勿埋，自然了之。”康熙四十三年(公元1704年)死的雍正帝的长子端亲王弘晖依旧是火化后入葬的。另外，笔者在景陵工作期间，曾听当地一些老人说，景陵妃园寝内安葬的一些妃嫔，还是按照满族人的丧葬习俗火化入葬的。而葬在景陵妃园寝的皇子则没有火化。

火葬本来是满族的旧俗，一般是在人死后，在荒野中用木材将尸体焚化，因此称火化。火葬时，死者的子孙等族人聚集在一起，头戴白布为孝，宰杀牛马，或哭或食。两三日后即除孝，葬俗古朴粗简。清建国之初，宫廷丧仪比较简陋，顺治皇帝死后，其尸体就是按照满族在关外的风俗火化的。

历史上的满族常年游牧四方，迁徙不定，先人亡故，因不忍远离，故而采用火化方式，骨灰可以随身携带，用这种方式来寄托对亡者的哀思。关于清朝早期的丧葬习俗,《清世祖实录》中这样记载:和硕亲王薨,停丧于家,俟造坟完方出殡,期年而化(即火化);多罗郡王、多罗贝勒停丧五月出殡,七月而化;固山贝子以下、公以上停丧三月出殡,五月而化;……官民停丧一月出殡,三月而化。火化后的骨灰先盛在布袋或锦袋中,然后置于瓮罐(即骨灰罐)内,再埋于地下。为区别皇帝与他人的尊卑等级,皇帝的骨灰罐装在金或银制的宫殿式器皿内,称作宝宫。盛京三陵内的墓主人即是按此种丧葬风俗火化入葬的。顺治帝崩逝时,由于满族入关不久,尚保留有许多旧有的风俗,并且顺治帝信奉佛教,故他的遗体由茆溪森禅师在北京景山火化,火化后的骨灰入葬孝陵地宫。而彻底改变这一丧葬制度的则是康熙皇帝的孙子乾隆皇帝。乾隆皇帝即位不久,即下令满族人丧葬一律不准火化。

康熙读书便装像

雍正十三年(公元1735年)十月二十日,刚刚即位的乾隆皇帝在大量接受汉文化的同时,更是深受祖父康熙帝的影响,认为“火葬”是“夷法”、“违反孝道”,甚至是一种“伤风败俗”,是社会文明的倒退,只有罪恶深重的人才会焚尸灭迹,使其断子绝孙,永世不得超生。乾隆皇帝这样解释说:“古时候,人们在埋葬死者时,都是隆重而奢华,后人为

《乾隆写字像》:乾隆作为盛世统治者,广学博览,孜孜不倦地学习汉文化

了表达自己的孝心,都是将其装殓在棺椁之中。本朝发迹关东,因打仗而迁徙无常,遇到父母之丧,将骨灰随身携带,以遂不忍分离之愿,这是时势所迫,不得已而为之。而今天下太平,八旗、蒙古各自安居乐业,为了敬重祖宗基业,丧葬应该依照古礼,原先的那些偏远的旧习俗,如果现在还在使用,那是不清楚当时的社会环境所致。送死最为大事,怎能不因时而异,痛自猛醒呢?"因此,乾隆皇帝特意在一道谕旨中这样明令规定:嗣后,除远乡贫人不能扶柩回里、不得已携骨归葬者姑听不禁外,其余一概不准火化。倘有犯者按例治罪。族长及佐领隐匿不报,一并处分。

康熙帝即位后,在学习汉族传统丧礼、特别是明宫丧礼的基础上,因时定制,取其精华,并通过补充和添加满族民族风俗特点的方式,才初步形成了清宫丧制,开创了清代帝后土葬之先河。自此,雍正帝等皇帝均开始沿用土葬,在此影响下,就连一些朝野臣民也改火化风俗为汉化的土葬了。

景陵是清朝第一座实行土葬的陵寝。

第章 迷雾重重的地下天堂

皇陵不仅是各封建王朝的兴衰的反映，还能比较真实地记录一些历史重大事件和宫闱秘事，而皇陵地宫不仅是帝、后、妃棺椁安放之所在，更是神秘禁区的核心。

谎言的背后

假如有人这样写死者墓碑碑文："这里面的器物，有珠宝、玩好、财物、宝器，十分丰富，不可不发掘，掘开它一定大富，可以世世代代乘车吃肉。"你会相信吗？相反，假如在碑文上写：这里面什么都没有陪葬。是不是可以理解成"欲盖弥彰"、"此地无银三百两"呢？也许你认为不可思议，然而在历史上确有其事。唐太宗李世民的碑文就曾这样写："王者以天下为家，何必物在陵中，乃为己有。今因九嵕山为陵，不藏金玉、人、马、器皿，皆用土木形具而已。庶几奸盗息心，存没无累。"这些文字不仅仅是写给子孙大臣看的，也是写给

顺治皇帝的孝陵鸟瞰

盗墓贼看的。意思是这里面没有什么陪葬品啊，不要惦记着啊，死心吧。而事实上，李世民的昭陵依然被严重盗掘。无独有偶，顺治帝孝陵大碑楼神功圣德碑上也刻着这样一句话：“葬孝陵，陵预于昌瑞山。皇考遗命，山陵不崇饰，不藏金玉宝器。”这同样是在告诉后人，顺治陵建在了名叫河北遵化昌瑞山这个地方，而此陵地宫内没有陪葬任何珍宝玉器等值钱的物品。

中国古代人讲究“事死如事生”，对死去的父母及亲人要像生前一样，为他们提供在阴间使用的物品和金钱，因此在死后要陪葬大量的物品。作为世上最尊贵的帝王，他们生前享尽了人间的荣华，死后也要把富贵带到阴间享用。《墨子·节葬下》里面记载，当时王公大人死了，“棺椁必重，葬埋必厚，衣衾必多，文绣必繁，邱陇必巨”。诸侯死了，则把府库用空，将金银珠玉装饰在死者身上，丝絮组带以及车马都藏入旷穴中。古语说得好：“象以齿而焚身，墓以宝而被掘。”这就是说，陵墓一旦成为贵重宝物、财物的归宿，那就会吸引盗墓者贪婪的目光。

清朝入关虽然时间不算长，但是为了证明自己是统治国家的“天子”政权，在礼仪和典法上都学习和沿用明代旧制。就连孝陵这段碑文也不是清朝的首创。在明十三陵的长陵神功圣德碑的碑文中就是这样写的：“陵预于天寿山，皇考遗命：山陵悉遵洪武俭制，不藏金玉宝器。”撰写清东陵孝陵功德碑的人显然是抄写了长陵这句话。

事实上，不知道是“不藏金玉”这句话起了心理作用，还是人们相信满族旧俗，在200年后的民国时期，清东陵的诸多陵寝中，只有孝陵地宫躲过了盗墓者的一次次光顾。因为这座皇陵没有被盗，因此其神秘色彩则更加浓重了。

民间猜测：顺治孝陵根本没有葬顺治帝的骨灰，只是顺治帝的一把扇子和一双鞋，顺治帝因为爱妃董鄂氏之死，看破红尘出家；除了陪葬两个皇后的骨灰，并没有真正的墓主人。

年仅24岁的顺治帝究竟怎么死的？顺治帝死后真的没有陪葬珍宝吗？顺治帝死亡之谜牵扯出顺治帝是否出家，孝陵是否是空穴，顺治帝的遗诏是否是孝庄文皇后代写等疑问。这就是研究历史和皇陵关系的魅力所在。

孝陵前景

正史中，记录顺治皇帝之死的内容只有短短的11个字："丁巳夜子刻，上崩于养心殿。"

关于顺治帝的死亡主要有三种说法。

一、出家后死于五台山：这是民间盛传的一种说法。说顺治皇帝是一个多愁善感的"痴情天子"，自己的爱妃死后，就到五台山出家，最后老死在五台山。

经过清史专家的考证，这种说法被否定，因为当时孝庄皇后作为顺治帝的母后，一方面不可能允许自己的儿子做出这种违背孝道的事，另一方面，清宫的管理制度与其他朝代相比较，还是很严格的。

二、死于天花：这是清廷内部的说法，是史学家比较相信的观点。这种说法最早是孟森先生提出的。孟森先生是著名的清史研究专家，是北京大学的教授，因为他在这方面的权威，而又没有人提出新的观点，因此，目前这种说法是史学界认可的主导。

一些私人笔记有记载，顺治帝在自己心爱的女人董鄂妃死去后想出家，但经过劝阻，最后还是放弃了这个念头。这时候北京开始流行天花病，因失去自己最亲近的人身体本来就很羸弱的顺治帝，不幸感染了天花，在心理和身体疾病的打击下，顺治帝病死。

董鄂妃写生像

三、炮击而死：2004年4月20日，《厦门晚报》报道说，郑成功研究专家、厦门郑成功博物馆原副馆长张宗洽先生，根据最新发现的《延平王起义实录》的手抄本，说顺治皇帝是被郑成功的军队炮击受伤而死的。《延平王起义实录》

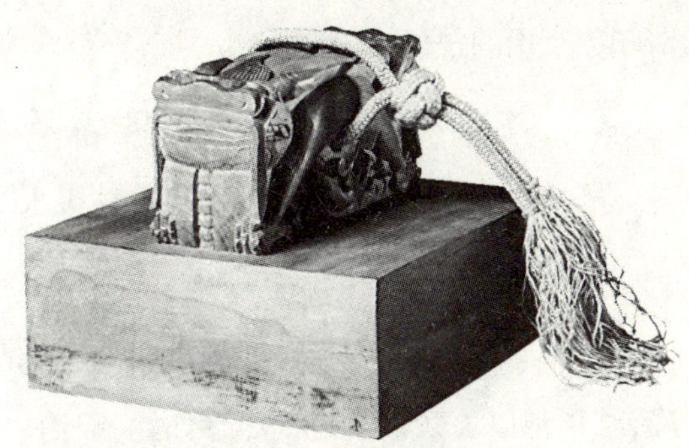

大清国宝

是泉州南安的郑成功宗亲郑梦彪从郑氏后人手中得来的,《延平王起义实录》里面有两段这样的记录:

> 有人密启藩主以高崎之战伪帝顺治实在思明港被炮击没,达素秘密而不敢宣,及京中查无下落,召达素回京,达虏惧罪自杀。至是太子即位,宣顺治于正月崩者,伪虏之伎俩也。藩曰:余亦计之,但当时恍惚未敢再信。

意思就是:有人密报郑成功,说顺治皇帝是在厦门的思明港被郑成功属下的大炮炮击而死,当时清朝的大将军达素不敢公开这一消息,朝廷召达素回北京,达素不敢回京,畏罪自杀。因为天下不可以无主,于是太子即位,就是康熙。康熙即位以后宣布顺治皇帝驾崩，这个人向郑成功汇报的时候说，这是大清朝善于用的伎俩。

初，太师在京屡以书谕藩招抚。藩不肯，然虏顺治亦不之罪也。至是顺治崩，执政者与太师有隙，遂对虏太子谏以藩能击崩主父，我皇岂不能杀害其父乎。虏太子纳之，至是新即位而太师遂遇害。

意思就是：郑成功的父亲郑芝龙投降清朝以后，几次写信劝郑成功投降，结果都以失败而告终。尽管如此，顺治皇帝依然不死心，也没有将郑芝龙治罪。顺治皇帝死了以后，辅政大臣苏克萨哈与郑芝龙有仇，于是向新皇上康熙建议说，郑成功可以用炮来击毙我们的先皇，现在皇上您就不能处死郑成功的父亲吗？康熙皇帝于是就下令杀掉了郑芝龙。

《延平王起义实录》记载事件的缘由和时间，与正史都有很大的出入，此书只是一种相当于家谱的笔记，不足凭信。对于大清王朝来说，郑成功对大清国的威胁还不足以令顺治帝亲征。按道理来说，像达素这样的朝廷大将军，他如果真的是自杀，那么他的死也会记录到历史中，然而实际无论正史还是野史，均无达素自杀的记载。相反，在史书上有达素因为是鳌拜的死党而被康熙帝打了一顿的记载。因此，说“炮毙顺治皇帝”，纯属无稽之谈，不可相信。

笔者赞同顺治死于天花疾病，尸体是被火化后以骨灰的形式葬入孝陵地宫的，但却不赞同其地宫没有被盗是因为没有陪葬。

在清代所有陵寝中，清东陵孝陵的规模最为宏伟壮观，其陵寝占地面积巨大，地宫空间也很大。已开放的乾隆皇帝裕陵地宫进深 54 米，落空面积 372 平方米。光绪皇帝崇陵地宫总面积 439.95 平方米。其皇帝的地宫规制都是有“九券四门”，九券由外向内依次为隧道券、闪当券、罩门券、第一道门洞券、明堂券（前室）、第二道门洞券、穿堂券（通道）、第三道门洞券、金券（主

裕陵地宫剖面图(天津大学建筑学院测绘)

裕陵地宫构造示意图

室)。九券中,明堂券和金券是横券,其他7券均为竖券。与明陵相比规模明显小很多,地宫中安放的都是很高大的棺椁,这样地宫金券就不显得空旷。假如孝陵地宫金券中安放的只有三个骨灰坛子，那么，地宫之中势必要添加一些其他的物品来填充。再者说,在孝陵没有建成前,在东陵西侧的黄花山,就已经埋葬有顺治皇帝的皇子,那些王爷陵都被盗掘过,顺治帝的孝东陵也都被盗过,这些陵墓里面都被盗走很多珍宝和贵重物品。其墓主人的身份都低于顺治皇帝,这些与顺治帝孝陵同年代的地宫都存在大量珍宝,难道唯独孝陵没有珍宝随葬吗?况且孝陵在新中国成立前,也是被盗过数次,最大的盗洞已经深达3米,只不过这时候当地的政府已经对皇陵保护足够重视,而且各村的村民都自觉地守护。孝陵建造得也的确很坚固。

不管怎么说,笔者认为孝陵不会是空穴,里面一定有陪葬的物品。笔者认为，此碑文不大可信，这是清封建统治者歌颂自己功德和政绩的一种方式。在此碑文记述顺治帝诞生时就开始神化和美化封建帝王,说顺治帝降生是“异人受子”，诞生时“宫内红光照耀，香气弥漫，经久不散……”等等。无论顺治帝诞生的神话还是山陵不藏金玉宝器之表白，都是封建统治者为巩固政权的自我粉饰，这是对后世撒下的一个弥天大谎。

汉文帝刘恒

中国历史上的汉文帝，是一位少有的生活简朴的皇帝，由于他深知平常百姓生活的艰辛，除了自己常常穿粗线衣服外，还主张节丧薄葬。《汉书·文帝纪》中记载：文帝修治灞陵，山川因其故，无有所改，不起丘垄，务从简约；陵内不以金、银、铜、锡为饰，专用瓦器随葬，以名节俭之志。但是后来的事实却是，汉文帝陵地宫内不仅有专用瓦器，还陪葬了很多的珍宝。而顺治孝陵功德碑文同样不可信。

清东陵的管理机构在1972年底申请开启乾隆帝裕陵地宫的报告中也曾提到孝陵地宫的陪葬物，“经过实地勘察，孝陵地宫没有被盗(据说地宫没有埋葬顺治尸体)，我们的意见把孝陵地宫打开，将葬品中可作展品的部分别置到裕陵地宫或外部展出，用以丰富展览的内容。”这说明此时已有人相信孝陵地宫内有陪葬品。

一个神武时代的结束

“人生的福气，富贵尊荣都算不得什么，最重要也是最难得的是享长寿而终千年。”这是康熙帝生前曾对大臣说的话，其话语中在包含着人生意义的同时，却也包含着他内心中一种难以言语的恐惧和无奈。

康熙四年(公元1665年)九月初八日，康熙帝在12岁的时候就举行了大婚，皇帝大婚标志着皇帝已经是成年人，这是一次因为政治而举办的婚礼,因为康熙帝的大婚就意味着他即将亲理朝政大事,这样做直接后果就是康熙帝多子多女。据记载,康熙有35个儿子和20个女儿,共计55个子女,而由哪个皇子继承皇帝位则成为康熙帝一生中最头痛的事。

康熙帝便服半身像

清朝皇帝的皇位继承没有采取汉族的嫡长继承制,即原配妻子生育的长子继承制度。皇太极和顺治帝都是清皇室贵族会议推荐的结果,而康熙帝则是孝庄文皇后和顺治帝采用遗诏的形式确定的。康熙帝在学习汉文化的同时,充分认识到“立嫡以长”和“立子以贤”的长处,决定确定“皇太子”制,这样就可以避免皇帝死后引起皇位的血腥争抢。

任何事情都有两面性,康熙帝只是看到了立皇太子的好处,没有认识到这样容易引发皇太子与兄弟之间产生的斗争,并由此产生对皇位的威胁。因为皇太子的地位仅次于皇帝本人,因此,很容易和皇帝发生冲突,从而导致被废或被杀。

在中国,多子、长寿被视为人生难得的福气,但这在康熙朝却变成了一场灾难。康熙帝生前成年皇子就有20人,而其中年龄较大者有12人。每个人都想当皇帝,而每个人还都有当皇帝的可能,偏偏康熙帝在确立皇太子的事情上反反复复,立了废、废了立,总是犹豫不决。正因此,皇子们在希望与绝望、绝望与希望中产生和加深了矛盾,并形成了三股较大的政治集团:皇太子允礽集团、皇八子允禩集团和皇四子胤禛集团。这三大政治集团争抢皇

皇三子允祉

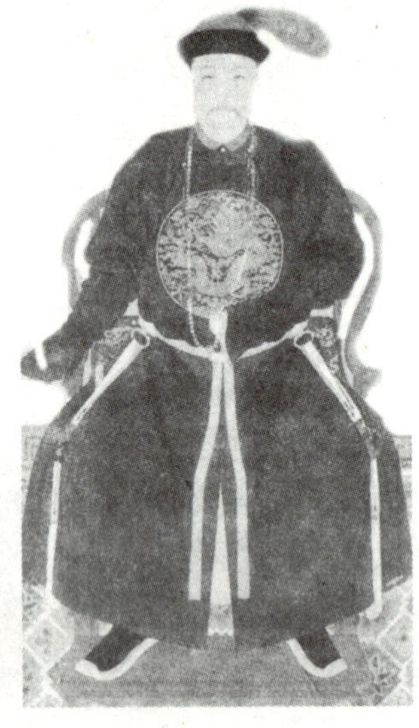
皇八子允禩

皇九子允禟

皇二十一子允禧

皇十六子允禄

位令康熙帝大伤脑筋，他为此曾悲观地说："日后我死后，将我（尸体）放在乾清宫内，你们（指儿子）都别管我（尸体），相互争斗抢夺皇位吧！"康熙帝的担忧最终变成了现实，只不过由于皇四子集团高明的政治手腕，这场令他更想不到的血腥屠杀是在新皇帝胤禛即位后开始的。新皇帝继承是否合法和康熙的死因也因此成为历史疑案。如果雍正帝继承是不合法的，那么，杀害康熙皇帝的就是他。

晚年的康熙皇帝

关于雍正帝即位是否合法，目前有三种说法：遵从遗诏、篡改遗诏和无遗诏说。由此衍生出以下各种观点。

一、雍正改诏说：康熙帝要传位给十四子允禵，雍正帝把"十"字改为"于"字，变成了"传位于四子"。雍正帝继位后，将十四子允禵调回北京囚禁，太后要见允禵，雍正帝不允，太后一气之下，撞柱而死。

皇十四子允禵

二、隆科多改诏说：康熙帝要传位给十四子，病中降旨召远在西宁的允禵回京。这道谕旨被步军统领隆科多扣住未发。等到康熙帝驾崩，隆科多假传圣

年羹尧

旨，立了皇四子胤禛。

三、隆科多改密诏说：康熙帝刚咽气，隆科多赶紧从正大光明匾后取出立储密诏，把“传位十四皇子”改为“传位于四皇子”。

四、雍正投毒篡位说：康熙帝在畅春园病重，皇四子进了一碗人参汤，康熙帝喝了汤就升天了。皇四子随后当了皇帝。

五、年羹尧改诏说：雍正帝的母亲私通于川陕总督年羹尧，入宫八个月就生下了雍正帝。改诏出自年羹尧之手。

对于雍正帝即位的研究，一直是清史研究中的重要课题之一。但许多说法在事实上是站不住脚的。如改“传位十四皇子”为“传位于四皇子”之说。清代定满语为国语，康熙帝遗诏，不可能只书写汉文没有满文。而改动满文并非易事。另外，根据用语规范，清代档案中凡书写皇子时，均写为“皇某子”、“皇某某子”，目前在中国第一历史档案馆的一千余万件档案中尚未发现例

圣祖仁皇帝谥宝

圣祖仁皇帝谥宝文

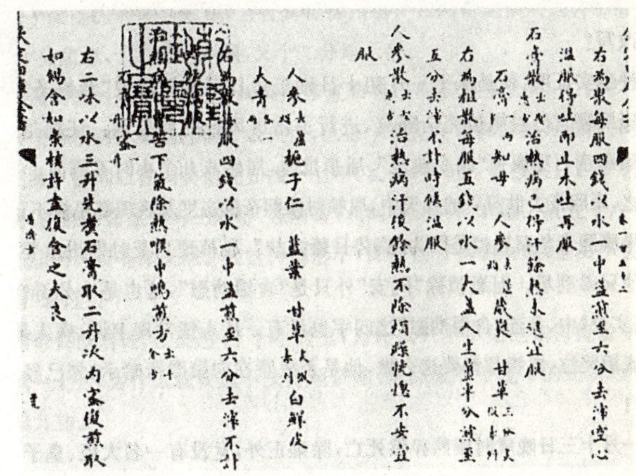
右為散每服四錢以水一中盞煎至六分去滓空心
溫服得吐即止未吐再服
石膏散 治熱病已得汗餘熱未退宜服
石膏 知母 人參 葳蕤 甘草
右為粗散每服五錢以水一大盞入生薑半分煎至
五分去滓不計時候溫服
人參散 治熱病汗後餘熱不除煩躁悗悶不安宜
服
人參 梔子仁 藍葉 甘草 白鮮皮
大青
右為散每服四錢以水一中盞煎至六分去滓不計
……苦下氣除熱喉中鳴煎方
右二味以水三升先煮石膏取二升次內蜜復煎取
如餳含如棗核許盡復含之大良

内务府御医用人参药方

外。“传位皇十四子”只能改为“传位皇于四子”，自然也就读不通了。

对于雍正参汤投毒的说法，有清史专家指出：康熙帝颇懂医道，他多次向臣下表示：“北人于参不和。”即便雍正帝要做手脚，也必投其所好，怎么能进奉参汤？并且指出，皇帝的饮食都有专人尝试。然而据档案记载，康熙帝不仅不反对服用人参，还对祖母孝庄皇后进参，以及向十四阿哥胤禵和很多大臣赐参。在后来为自己辩解的《大义觉迷录》中，雍正本人也承认曾给康熙进献过人参汤，“朕曾将伊（指八阿哥）不是处，对众宣扬羞辱之，而伊深为愧恨。今乃以六十年之进奉汤药，加恶名于朕，可谓丧尽天良之报复。”“今乃以六十年之进奉汤药”，就是康熙去世之前胤禛给康熙进献人参汤的事情。如果没有此事，那么雍正帝就

允禵門下之太監等匪類此輩聽伊主之指
使到處捏造肆行流布現據廣西巡撫金鉷
奏報有造作逆語之兇犯數人陸續解到訊
據逆賊耿精忠之孫耿六格供稱伊先充發
在三姓地方時於八寶家中有太監于義何
玉柱向八寶女人談論
聖祖皇帝原傳十四阿哥允禵天下皇上將十字
改為于字又云
聖祖皇帝在暢春園病重皇上就進一碗人參湯
不知何如
聖祖皇帝就崩了駕皇上就登了位隨將允禵調
回囚禁
太后要見允禵皇上大怒
太后於鐵柱上撞死皇上又把　和妃及他妃
嬪都留於宮中等語又據達色供有阿其那
之太監馬起雲向伊說皇上令塞思黑去見

大義覺迷錄　卷三

《大义觉迷录》中关于“雍正进献康熙人参汤”的记述

根本不用这么说了。

对于隆科多从正大光明匾后取改遗诏之说则不符合历史事实。因为,这种秘密立储的做法是雍正朝首创的。

至于年羹尧为雍正生父之说更属无稽之谈，雍正比年羹尧还要大 3 岁呢。

清史专家们不断发掘史料,从康熙遗诏、太子废立、皇子党争以及康熙对皇子皇孙的好恶和雍正继位后的政治权术等诸多方面进行深入细致的分析考证。大多数专家学者得出的结论是:雍正帝的即位是合法的。

为了说明雍正帝是合法继承者，清史专家在浩如烟海的清史档案中发现了这样一条记载:玄烨小殓(穿寿衣)时,胤禛亲自为皇父更衣。这是遵照康熙的遗嘱,将孝庄文皇后亲自制作、赐予的衣服给穿上,然后将玄烨的遗体放在黄舆内,连夜护送回紫禁城,将黄舆停放在乾清宫内。第二天戌刻(晚八时许)大殓(即将遗体放入棺内)。梓宫停放在乾清宫正中,十一月十六日颁遗诏,十二月初三日,梓宫奉安移到景山寿皇殿内暂安。雍正元年(公元 1723 年)二月十九日恭上庙号为圣祖,谥号为“合天弘运文武睿哲恭俭宽裕孝敬诚信功德大成仁皇帝”。三月二十七日梓宫奉移山陵，暂安于隆恩殿内。同年九月初一日巳时入葬景陵地宫。

雍正皇帝读书像

目前，中国第一历史档案馆保存着一份康熙帝遗诏，用满文和汉文两种文字书写，汉文 1104 字,其

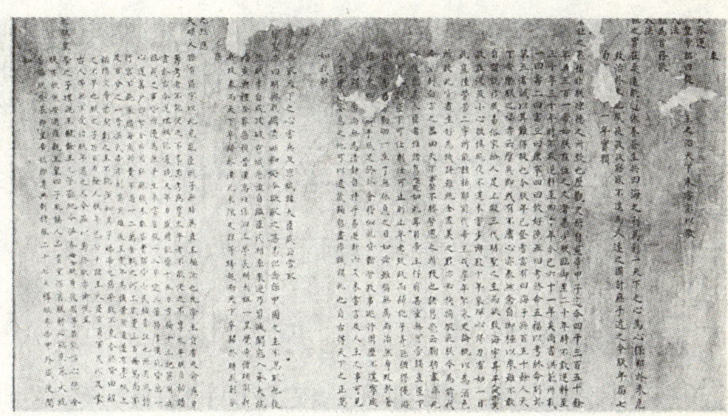

康熙遗诏(中国第一历史档案馆藏)

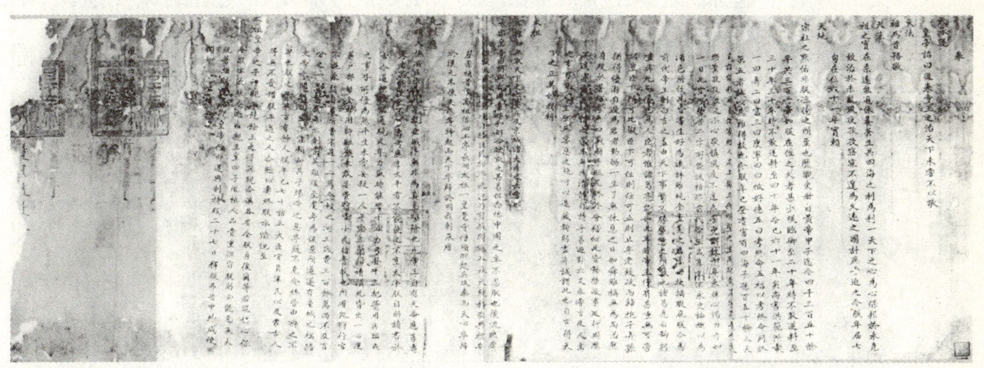

康熙遗诏(台北历史语言研究所藏)

中写道:“……皇四子胤禛,人品贵重,深肖朕躬,必能克承大统。著继朕登极,继皇帝位。……”满文遗诏中却没有这段文字,而且在最关键的地方有断档、缺损,也没有指定皇四子胤禛即位的记载。珍藏在台北历史语言研究所的另一份满汉合璧的康熙遗诏,满文内容则仅有11字:“熙六十一年十一月十三日。”汉字内容也是1104字,与中国第一历史档案馆珍藏相同,只是每行字多少有些差异。金恒源先生经过仔细研究后认为,北京的康熙遗诏与台北的康熙遗诏是一式两份原始康熙遗诏,只不过台北的是两份遗诏中最先写的一份。因为其中汉文遗诏文本部分两次盖有“皇帝之宝”大印,且特别郑重、醒目,文字也十分规范、整洁、工整,毫无涂改、污迹。而北京珍藏的则有四处明显涂改的地方,甚至有墨汁污点泼洒其上。从字体和文字排列格式看，明显是两个人书写的。似乎在暗示两份遗诏一份是正本一份是副本。由于台北遗诏满文部分没有一点有价值的内容，因此判断是遭受损坏最严重的。金恒源先生通过研究，为我们勾画了这两份康熙遗诏的来源。13日康熙死后，胤禛立刻利用所谓的为康熙帝穿寿衣的机会寻找到康熙留下的遗诏，将满文部分损毁，并严密控制了畅春园。16日宣读的是隆科多起草、书撰的满文遗诏。20日宣读汉文遗诏，用的是找到的遗诏，宣读的时候把损毁的满文部分卷了起来，只露出有日期部分。而第二份即现在北京的康熙遗诏，则是后来找到的，由于遗诏都已经宣读了，于是只是把满文部分修改，汉文部分就按照第一份遗诏抄写了一遍。至于为什么遗诏得以保存下来而没有被彻底销毁，金先生是这样认为的，胤禛虽然当上了皇帝，但是由于传闻很多，攻击和责难不断，为了证明自己是合法即位，就很有必要保留原始遗诏。即使这样解释，依然没有能很好地解决遗诏留给人们的疑惑。比如，既然遗诏的满文部分是书撰的结果，汉文是后来填写上的，那么为什么不干脆重写一份新的遗诏保存起来呢？

康熙帝皇十子(允䄉)像

现在虽然很多清史专家认为雍正帝是合法皇位继承者，但却不能解释很多疑问：康熙在临终前(13日)寅刻，宣召皇三子允祉、皇七子允佑、皇八子允禩、皇九子允禟、皇十子允䄉、皇十二子允祹、皇十三子允祥等7位皇子和隆科多进宫，为什么没有皇四子胤禛？为什么宣布皇四子胤禛为皇帝即位时，是隆科多一个人突然拿出了康熙的遗诏，而其他皇子不知晓这遗诏是何时写的？皇四子胤禛那天三次进宫给康熙问安，康熙为什么不趁着还清醒就公布胤禛为新皇帝？康熙死后北京为什么关闭6天城门，禁止出入？为什么康熙死后3天，其遗诏才正式公布天下？康熙死后，胤禛为什么不住在康熙生前居住的乾清宫，而改居养心殿？雍正帝对兄弟们和年羹尧、隆科多的诛杀的解释如何让人信服？既然雍正帝是合法的皇帝，为什么还亲自写《大义觉迷录》加以辩解？还有康熙遗诏汉文书写格式问题，康熙帝平时对儿子习惯用语直呼其名或者某阿哥、某某阿哥，或按爵位称呼或某亲王、某贝勒。没有发现在康熙朝满文奏折里面写过“皇某子”、“皇某某子”。为什么这次在遗诏中却出现了这种事情呢？

金恒源先生在《雍正称帝与其对手》一书中详加分析和论证，并且利用最新掌握的历史档案逐一论证，最后研究的结果告诉人们，康熙帝是被害死的，胤禛继承皇位不合法，至少缺乏强有力的历史文字支持。笔者将他的观点总结为以下几点：1、胤禛与康熙帝的父子关系紧张，“父子恩怨，由来已久”。普通人都会把最重要的事委托给最信任最可靠的人，何况是皇统大事情呢？康熙帝还不至于糊涂至此。2、胤禛在康熙帝死前进献人参汤事件，让人们对于胤禛的居心感到怀疑。3、康熙帝遗诏疑点颇多，所谓的康熙帝遗诏是胤禛伪造的。4、胤禛生母死前的种种反常现象，令人想到连胤禛母亲都认为康熙帝是胤禛害死的。5、《大义觉迷录》的出版发行和后来的收回销毁，以及文字内容上的残缺和解释的牵强，说明康熙帝死因不正常。6、胤禛过河拆桥，当上皇帝后，将知情的自己亲信一个不放过，全部除掉。7、皇十四子允禵回北京奔丧的时间，使人认为皇十四子是接到康熙帝的谕旨来面见皇帝的，或者说是准备来继承皇位的。

无论哪种说法，事件本身都有许多矛盾无法解释，而其间产生的许多疑问却又都说不清楚，总之，历史是胜利者的记录，正所谓“胜者王侯败者贼”。

康熙帝的过世，留下一个死因不明的历史悬案。雍正帝利用手中的权力，使用一系列的手腕，打击和消除了自己的政治宿敌，进一步巩固了他的统治地位。一代明主康熙大帝的神武时代就这样不完整地在历史上画上了一个句号。

雍正：我没有逼死太后！

旧的不去，新的不来。老皇帝康熙死了，新皇帝闪亮登场。雍正帝的众多兄弟和朝廷大臣对于他的即位是否合法持有异议，为此，雍正帝对政敌进行了一系列的打击。康熙末年，当时年满20岁的皇子有15人，即大阿哥允禔、二阿哥允礽、三阿哥允祉、五阿哥允祺、七阿哥允佑、八阿哥允禩、九阿哥允禟、十阿哥允䄉、十二阿哥允祹、十三阿哥允祥、十四阿哥允禵、十五阿哥允禑、十六阿哥允禄、十七阿哥允礼。而经过雍正帝的肃清整治后，仅有3人善终。雍正帝即位后，先是将自己的一母之弟十四阿哥允禵夺去兵权，软禁起来，而后又对八阿哥允禩和九阿哥允禟大打出手，先将其改名为“阿其那”和“塞思黑”（满语猪和狗的意思），最后折磨致死。其他阿哥除了境遇比较好的十三阿哥允祥、十六阿哥允禄、十七阿哥允礼算是善终外，其余都是或拘禁或发配，遭到不同程度的打击迫害。大臣隆科多和年羹尧或监禁或处死，也被铲除干净。尽管雍正帝一系列“弑兄屠弟”、“过河拆桥”、“兔死狗烹”的高压行动不为不迅速，但关于他阴谋篡位的传言在民间还是流传了起来，甚至出现了反清复明的暗流。对此，雍正帝不得不谨慎对待，认真思考：除了暴力，还可以使用温和的文字。于是雍正帝炮制出一本为自己掩饰和辩解的专著——《大义觉迷录》，并对很多历史真相给予了篡改和涂抹。

《大义觉迷录》是雍正七年（公元1729年）雍正皇帝因曾静反清案件而

刊布的，内收有关上谕10道、审讯词和曾静口供47篇、张熙等口供2篇，后附曾静《归仁说》1篇。雍正帝明令将《大义觉迷录》刊行天下，是出于政治宣传的需要。当时此书不仅保存了曾静、吕留良和严鸿逵大量激烈的反清言论，还部分揭示出康熙时诸皇子争夺王位、雍正帝得位及其后的相应措施等具体细节。然而它的刊布并未能收到预期效果，反而传播了对清王室极为不利的言论，因此在乾隆帝即位后立即下令禁毁。

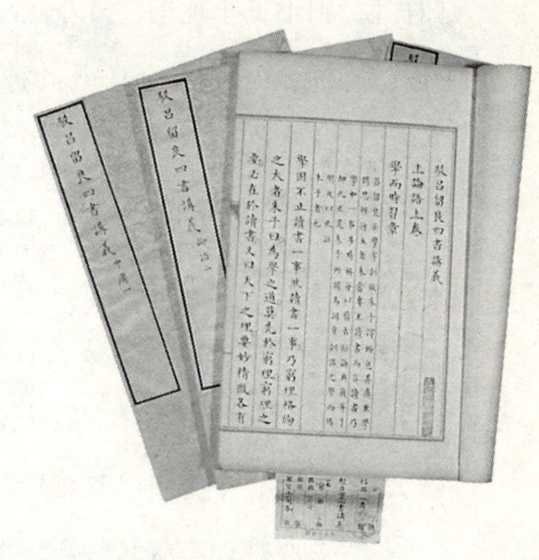
駁呂留良四書講義
上論語上卷
學而時習章
學固不止讀書一事然讀書一事乃窮理格物之大者朱子曰為學之道莫先於窮理窮理之要必在於讀書又曰天下之理要妙精微各有

《驳吕留良四书讲义(论语)书影》

《大义觉迷录》是中国历史上最高封建统治者编纂的一部很有特色的文献，保存了许多珍贵的历史资料。其中上谕和审讯词对研究雍正其人及其政治主张，提供了不少线索。此书还反映出康雍时期的一些社会情况、民间反清情绪等问题，材料虽然零碎，但其中有些内容仍是其他书籍所不载的。然而，《大义觉迷录》所收材料都是有选择性的。书中所收上谕有一部分见于《清世宗实录》，但其中涉及皇位继承问题的内容已被删去；审讯词、口供和

吕留良像

《归仁说》则不见于他书。另外，曾静致岳钟琪书的部分内容见于雍正的有关上谕，全文始终没有公布。凡此种种，都给后人留下了许多问号。

作为一代帝王，雍正帝是中国历史上唯一写书的人，他写书不是为了青史留名，而是为了给自己辩解，而这种辩解在当时皇权至上的封建时代，人们能相信几何？

民间盛传雍正做了皇帝之后，随将康熙十四子允禵调回监禁，太后要见允禵，雍正帝大怒，不允。太后于是撞死在铁柱之上。对于这个传闻，雍正帝在《大义觉迷录》中为自己这样辩驳：

著朕继即皇帝位。是时唯恒亲王允祺以冬至命往孝东陵行礼，未在京师，庄亲王允禄、果亲王允礼、贝勒允禑、贝子允祎，俱在寝宫外祗候。及朕驰至，问安皇考，告以症候日增之故，朕含泪劝慰。其夜戌时龙驭上宾，朕哀恸号呼，实不欲生。隆科多乃述皇考遗诏，朕闻之惊恸，昏仆于地。诚亲王等向朕叩首，劝朕节哀。朕始强起办理大事。此当日之情形，朕之诸兄弟及宫人内侍与内廷行走之大小臣工，所共知共见者。夫以朕兄弟之中，如阿其那、塞思黑等，久蓄邪谋，希冀储位，当兹授受之际，伊等若非亲承皇考付朕鸿基之遗诏，安肯帖无一语，俯首臣伏于朕之前乎？而逆贼忽加朕以谋父之名，此朕梦寐中不意有人诬谤及此者也。又如逆书加朕以逼母之名，伏惟母后圣性仁厚慈祥，阖宫中若老若幼，皆深知者。朕受鞠育深恩，四十年来，备尽孝养，深得母后之慈欢，谓朕实能诚心孝奉。而宫中诸母妃咸美母后，有此孝顺之子，皆为母后称庆，此现在宫内人所共知者。及皇考升遐之日，母后哀痛深至，决意从殉，不饮不食。朕稽颡痛哭，奏云："皇考以大事遗付冲人，今圣母若执意如此，臣更何所瞻依，将何以对天下臣民，亦惟以身相从耳。"再四哀恳，母后始勉进水浆。自是以后，每夜五鼓，必亲诣昭仁殿，详问内监，得知母后安寝，朕始回苫次。

孝恭仁皇后朝服像

译文：当时，只有恒亲王允祺因为冬至，命令其去东陵祭祖，没有在京师。庄亲王允禄、果亲王允礼、贝勒允禑、贝子允祎都在寝宫外边守候。等到朕急驰来到问安以后，皇父告诉病症日益加重的原因，朕含泪劝慰。这天夜里戌时，皇父驾崩。朕哀恸号呼，真是痛不欲生，隆科多便宣布皇父遗诏。朕听说之后，惊恐恸哭，昏倒在地。诚亲王等向朕叩头，劝朕节哀。朕才强打起精神办理大事。这是当日的情形，朕的各位兄弟和宫女、太监，以及当时在宫中行走的大小臣子侍从，都亲眼见到这事。在朕的兄弟当中，像阿其那、塞思黑(满语：猪、狗的意思。这里指康熙的第八子允禩和第九子允禟，他们因与雍正争夺皇位失败，被雍正禁锢，并改名为阿其那、塞思黑。——译者注)等久怀奸谋，妄图谋取皇储地位。当朕被授命继承皇位时，他们如果不是亲自闻见皇父把皇位传给朕的遗诏，怎肯服服帖帖，一句话不讲，拜伏于地，向朕称臣呢？而逆贼忽然加给朕以谋死皇父、篡夺帝位的罪名，朕在梦寐之中，也想不到会有人如此诽谤造谣。又如逆书上给朕加上逼死母亲的罪名。母后生性仁厚慈祥，这一点在整个皇宫内，无论老幼，都是深知的。朕受母后抚养的深恩，四十年来努力尽孝，深得母后的欢心，说朕能做到诚心孝顺。而宫中各位母妃，也都羡慕母后有个这么孝顺的儿子，都为母后称贺，这是现在皇宫中的人所共知的。到了皇父驾崩升天的时候，母后哀痛到极点，决心随皇父殉葬，不吃不喝。朕叩头痛哭，上奏母后说："皇父把国家大事托付给臣儿，如今圣母决心从死，使臣儿更没有任何依靠了，怎样对得起天下臣民？也只好以身随着皇父皇母于地下了。"再四哀求，母后才放弃寻死念头，勉强进了点饮食。自此以后，每夜五更，朕必定要亲自到昭仁殿，详细询问值班太监，得知母后一夜安睡，才回到守灵的地方。

据《清实录》记载，皇太后于雍正元年（公元1723年）五月二十二日生病，而五月二十三日凌晨2点就死在永和宫了，终年64岁。什么病这么突然，只一天就死了？在《清实录》中，并没有记载皇太后得了什么病，只是说皇太后因"哀痛深切"、"积哀日久"而亡。孝恭皇后乌雅氏死得突然，加之与雍正帝的关系紧张，人们不得不对其死亡的原因产生怀疑。而雍正帝的辩解则起到了欲盖弥彰的作用，更让人们知道他与皇太后关系的紧张。

据徐广源先生分析，雍正帝与皇太后关系紧张有以下四点可以证明。

一、要殉死 康熙皇帝晏驾后，乌雅氏要自杀殉死，追随夫君于九泉之下。这表明母子关系不和，与儿子混不上来，生不如死了好。

二、不搬家 慈宁宫是皇太后、太妃们颐养天年的场所，是民间所谓的"寡妇院"。清朝规定，这些先朝皇帝的未亡人只有年龄超过50岁以后，才能与嗣皇帝见面。康熙皇帝死以后，按照规定，尊皇帝的生母为皇太后，要从中路的东西十二宫中搬到慈宁宫居住。可是，雍正生母就是不搬，仍坚持住在东六宫之一的永和宫。

三、拒绝上徽号 为皇太后上徽号，这是天经地义的事。雍正皇帝准备给母后上徽号"仁寿"二字。这本来是十分正常的事，可是雍正帝生母却以先帝梓宫尚未入葬山陵为理由，拒绝接受徽号。清朝并没有先帝梓宫未葬入山陵，皇太后不得上徽号的规定。

四、拒绝接受行礼 新皇帝在举行登极大典之前，要先给皇太后行礼，然后再升御太和殿，接受群臣的朝拜。礼部将这个礼仪上奏给乌雅氏。她却不冷不热地说：“我自幼入宫为妃，在先帝前毫无尽力之处。将我子为皇帝，不但我不敢望，梦中亦不思到。”她还说：“皇帝诞膺大位，理应受贺。至与我行礼，有何关系？”

慈宁宫外景

对于当时的情景，孝恭皇后除了用这种无力的抗争抵制雍正帝外，还能有怎么样的反对方式呢？死也许是最后也是惟一的选择了。死，不仅能使自己安心，也许更能证明自己不与雍正帝等人同流合污，自己在所有的事件中一直保留着清白。

现在，对于过去的亡灵只能说：“死者安息，生者安然。”

关闭地下石门

康熙六十一年(公元1722年)十一月十三日戌时，康熙皇帝在北京西郊畅春园去世。尽管他的死因留给后人太多的疑问，然而这丝毫不影响他的葬礼的正常举行。

《清史稿》、《清实录》、《大清会典事例》等均记载有康熙帝丧礼的过程。

康熙帝死的当天夜里，胤禛“恸哭扑地，良久乃起”，并亲自为康熙帝更换寿衣。接着，胤禛以皇帝的身份下令七阿哥允祐守畅春园，十二阿哥允裪先行回京陈设灵堂，又命十六阿哥允禄和世子弘升护卫宫禁，十三阿哥与隆

畅春园遗址

明清两代皇宫——紫禁城

科多负责由畅春园至紫禁城沿途的护卫。胤禛则亲自随盛放康熙尸体的黄舆回宫。

第二天，在乾清宫为康熙行大殓礼。胤禛特令诸王贝勒、文武大臣进乾清门，公主、王妃进乾清宫瞻仰康熙帝遗容，自己则捶胸顿足，哀伤呼号。“以东庑为倚庐，颁遗诏，谕礼臣增订仪节。届时皇帝立乾清宫外，西向，大学士奉遗诏自中道出，帝跪，俟过，还苫次。大学士出乾清门，礼部尚书三跪受”。

康熙六十一年（公元 1722 年）十一月二十日，45 岁的皇四子胤禛登极正式继承皇帝位，年号雍正。意思是雍亲王胤禛的皇位来得端正，做君也端正。

康熙帝的梓宫在乾清宫停放了 20 天，于十二月初三年日移至景山寿皇殿。在群臣共议康熙帝梓宫安放处之时，有人曾建议停放中南海或郑家庄。雍正帝认为，此二处离宫禁甚远，心中不忍。考虑顺治帝死时的梓宫曾在景山寿皇殿，为了祭奠方便，于是决定将康熙帝的梓宫也移到此处。朝中举行了隆重的奉移礼，烧纸锭 2 万、纸钱 6 万、五色钱锭 5 万，烧酒饭 20 桌、整羊

景山内的寿皇殿

9只。王公大臣按等级分别在梓宫经过的东华门外南池子口、东安门内大街、骑河楼口、沙滩口等地跪送康熙梓宫。康熙帝梓宫出景运门后，安置在80人抬的大升辇上，雍正帝亲自送至景山寿皇殿。在这之后，雍正帝每日3次到寿皇殿祭奠上食，时间长达1月之久。

27天除服后，雍正帝发布谕旨说："乾清宫是皇父生活六十年的地方，朕居住在这里，心里实在不好受，朕决定居住月华门外养心殿。"从此之后，养心殿成为后世清帝居住的寝宫了。为了追念康熙皇帝，雍正帝在康熙帝崩后一个月，即命善于绘画的莽鹄立绘画圣祖圣容。绘成后，于雍正元年四月十五日供奉在景山寿皇殿内。不久，雍正帝又将其生母孝恭仁皇后圣容供奉于寿皇殿，并制定了一系列祭祀制度。

不仅如此，雍正帝还考虑到太庙、奉先殿虽然供有皇父和生母孝恭皇后的神牌，但到那里去上香行礼是受日期规定限制的，不是哪天去都可以的，而且这两个地方距养心殿很远，前去那里很不方便，如果将神牌供设在皇帝的寝宫养心殿的东佛堂内，则可以每天早晚随时去瞻礼膜拜，极为便利。于是，他就将康熙帝和孝恭皇后的神牌供奉在养心殿东佛堂，经常到那里瞻拜。这一做法成为制度，于是以后各清帝均仿照雍正帝的做法，将皇父和生母的神牌供奉在养心殿。

当时间转到雍正元年(公元1723年)三月二十七日，康熙帝梓宫在雍正

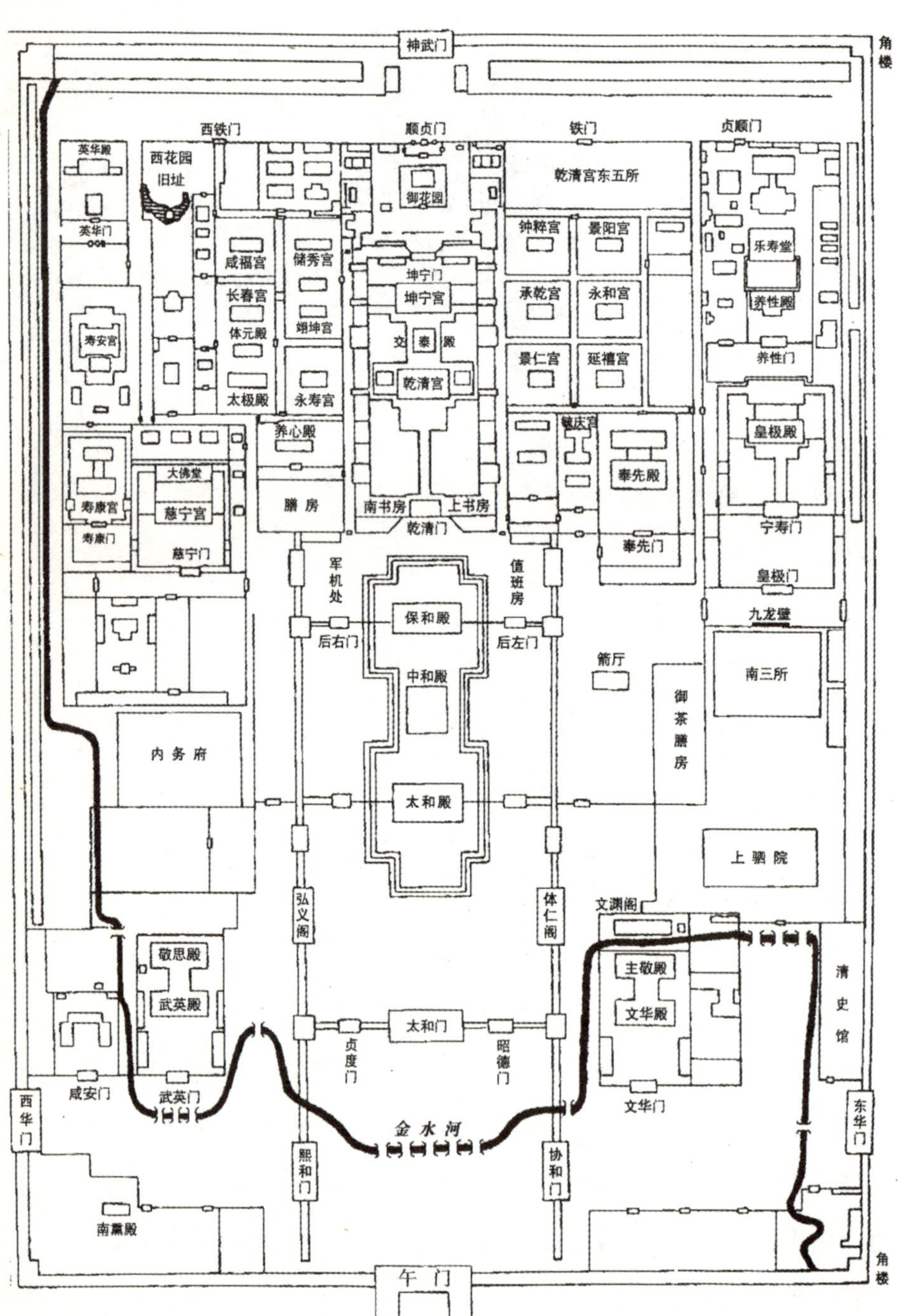

紫禁城平面示意图中的养心殿和乾清宫的位置

帝及皇太后、皇后、妃嫔等人的护送下，才开始移往遵化境内的昌瑞山祖陵。

北京到遵化景陵大约300里，于是在沿途设芦殿5座，供梓宫停放。雍正帝率诸王大臣亲自护送，皇太后率皇后、妃嫔等走另一条路，傍晚到停宿地汇集。每天早晚，均在黄幔城外陈设卤簿，行朝奠礼、夕奠礼，百里以内文武官员都赶来跪迎、举哀。沿途穿门过桥，还派大臣祭酒、烧纸钱。康熙帝的梓宫由128名杠夫抬着，分60班，共有杠夫7960人。四月初二日，康熙帝的梓宫到达景陵后，一直停放在隆恩殿，九月初一日与孝恭仁皇后、敬敏皇贵妃一同葬入地宫。

关于雍正帝生母孝恭仁皇后乌雅氏的死，官书上记载是因为康熙帝之死"哀恸过甚，体常违豫。及亲送梓宫至陵，事毕回京，积哀莫解。"于是在康熙帝死后仅半年的时间，她就病逝，追随康熙帝而去了。由于皇太后的死很突然，官书

养心殿

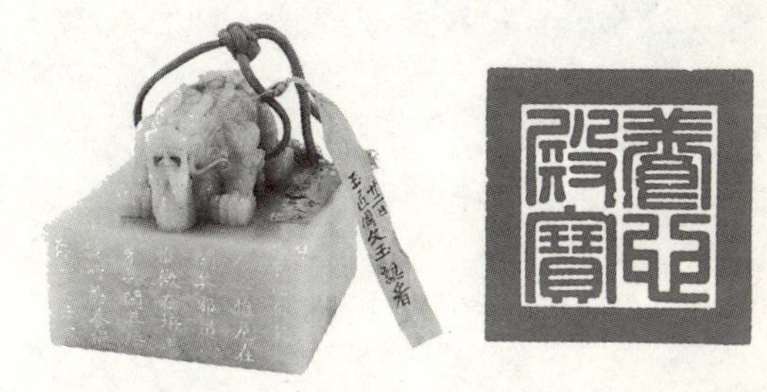

"养心殿宝"玺文

养心殿东暖阁内景

乾隆朝绘制的景陵图

上记载又少得可怜，因此在民间有被雍正帝逼死的说法，这才有了雍正帝在《大义觉迷录》中的辩解。不管雍正帝如何辩解，人们对孝恭皇后的死依然心存疑问。当然，无论孝恭皇后是如何死的，作为皇太后的丧事，其场面办得依然非常隆重体面，雍正帝再次扮演了一次孝子的角色，将自己的生母孝恭皇后最终也恭送到康熙景陵地宫里面安葬了。

至此，康熙景陵地宫葬入了所有应葬入的主人之后，正式关闭了。大清国又开始了她在历史上的新篇章。

地宫棺椁位置初探

在康熙景陵地宫里，除了康熙帝之外，还葬有 4 位皇后和 1 位皇贵妃，共计 6 人，他们的身份地位和死亡时间不同，在等级森严的封建社会，这些人的棺椁在地宫如何摆放的呢？一些清陵爱好者对此很是热心，他们在网上对此曾这样大讨论过。

乌云珠：这是我对《清陵地宫棺位推断》的看法，发上来供大家看看。

顺治帝的孝陵：由于清初保持着关外火葬的习俗，地宫中为三个骨灰坛。顺治居中，孝康章居左，孝献居右。

康熙的景陵：景陵地宫中祔葬有四位皇后和一位皇贵妃。我个人推断，除了敬敏以外，其余四位皇后地宫中棺位的位次，正好与她们去世时间的先后一致。康熙帝居中，孝诚仁居左，孝昭仁居右，孝懿仁居次左，孝恭仁次右，敬敏皇贵妃在左侧的垂手宝床上。

雍正帝的泰陵：泰陵地宫中一共葬有三人，雍正帝居中，孝敬宪皇后居左，敦肃皇贵妃居右或者在左侧的垂手床上。

嘉庆帝的昌陵：嘉庆帝居右，孝淑睿居左。

道光帝的慕陵：道光帝居中，孝穆居左，孝慎居右，孝全居次左。

咸丰帝的定陵：咸丰帝居中，孝德居左。

同治帝的惠陵：同治帝居中，孝哲居左。

光绪帝的崇陵：光绪帝居中，孝定居左。

星光灭绝：我看到徐广源老师在《清西陵史话》上说，“乾隆初，雍正帝、孝敬皇后、敦肃皇贵妃的棺椁即将入葬，曾经向乾隆生母崇庆太后请旨，是否要在泰陵地宫给她留下棺位，皇太后旋即决定不留空位。”所以棺椁奉安地宫时，敦肃皇贵妃金棺就摆放在了雍正的右侧（西），但是比左侧的孝敬皇后棺椁稍微靠后，显示尊卑有序。

乌云珠：我也认为将敦肃皇贵妃放在一侧似乎不妥，因为地宫中除了皇帝只有一位皇后，没必要将她放在一侧的。

裕陵地宫棺椁摆放位置

广林真弓：崇陵就没有什么好

研究的了，地宫都开放了……而且有图片可以看得到的……其他的我都不反对的……不过毕竟是猜测，一切要打开了地宫才能知道的。

星光灭绝：好像存在这么一种说法：景陵地宫的棺椁排列，以康熙皇帝梓宫居东头，孝诚、孝昭、孝懿、孝恭四位皇后梓宫、敬敏皇贵妃金棺由东向西依次排列……不知道是不是真的呢。

爱好者：我也曾经看到类似的说法，但我又感觉不太可能，因为地宫的金井在正中间，康熙皇帝的应当在金井的正上方。

当然了，这些讨论是很有见解的，笔者也认为对于康熙的景陵地宫来说，除了皇贵妃的等级身份低了些，其他的4位皇后是按照她们死的时间顺序排列，按照左尊右卑的列序排列如下：康熙居中，孝诚仁皇后居左，孝昭仁居右，孝懿仁居次左，孝恭仁次右，敬敏皇贵妃在左侧的垂手宝床上。

康熙遗物知多少

清朝帝王、后妃等人死后，都留下大批遗物，如冠、服、器物等，这些皇帝后妃使用过的物品，有的随大丧仪焚化，有的赠与活着的后妃、太监、妈妈(乳母)等人，也有的存入宫中，留作纪念。康熙帝死后留给宫中的遗物，直到乾隆三十年，历时40多年还保存完好。这些物品，对了解封建帝王的服饰、用品等方面有着极高的参考价值。

各式朝冠、帽、盔10多顶。有朝冠顶1座，本色貂皮朝冠、藤子绒缨朝冠、本色貂皮毡台貂皮膁里冠、貂尾毡台羊皮里暖耳冠、熏貂毡台羊皮里冠、熏貂缎台冠、貂毛毡台羊皮里冠、黑狐皮毡台羊皮里冠各1顶，本色貂皮黄缎台喇嘛帽1顶，青缎续棉子盔、兰缎衬盔各1顶。

各式朝袍、端罩、龙袍、褂、常服、甲等衣物。

计有黄缎织金龙貂皮边貂膁朝袍、黄缎绣金龙海龙边貂膁朝袍、黄缎织金龙貂皮边青獭朝袍、黄缎织金龙海龙边青獭朝袍、蓝缎织金龙貂皮边天马皮朝袍、蓝缎织金龙海龙边天马皮朝袍、黄缎织金龙海龙边天马皮朝袍、黄缎织金龙貂皮边天马皮朝袍、黄缎绣二则金海龙边天马皮朝袍、蓝缎绣二色金海龙边银鼠皮朝袍、蓝缎织四团金龙片金边绵朝袍、蓝二色缎素朝袍、蓝缎织金团龙片金边夹朝袍、蓝纱织金龙片金边夹朝袍、蓝纱织四团龙片金边夹朝袍、蓝芝麻地纱描金龙描金边单朝袍各 1 件；黄纱织金龙片金边夹朝袍 2 件；黄缎织金龙片金边夹子 1 件；黄缎薰貂套袖、蓝缎熏貂套袖各 1 副。

明黄缎平金彩绣龙皇帝朝袍

玄狐皮黄潞绸面端罩、玄狐皮黄缎面端罩、貂皮黄潞绸面端罩各 1 件。

月白缂丝五彩金龙单朝袍(祭月坛用)

金龙袍有黄缎绣金龙天马皮袍、黄缎绣寿字团龙银鼠皮袍、石青实地单纱织五彩团龙袍、香色芝麻地单纱绣二色金团龙袍、香色直经地单纱绣二色金团龙袍各1件。

金龙褂有石青缎绣四团金龙青朦褂1件;石青缎绣四团金龙天马皮褂1件;石青缎四团金龙银鼠皮褂8件,其中缉碎珠1件,绣5件,织2件;石青缎四团金龙绵褂8件,其中绣1件,织7件;石青缎四团金龙夹褂43件,其中绣16件,织27件;石青纱四团金龙夹褂2件;其中织八团1件;其中织行龙1件。

石青实地单纱织四团金龙褂4件;石青芝麻地单纱四团金龙褂4件,其中绣二色金2件、描金2件;常服有红羽纱单大褂、黑狼皮面黄朦里长褂、貂朦面黄朦里长褂、沉香色宁绸面羊皮衬甲袍、油绿缎面羊皮巡幸袍、油绿缎面巡幸棉袍、石青缎面貂皮巡幸袍、油绿缎面巡幸绵褂、月白潞绸面灰鼠朦紧身各1件,石青缎面银鼠皮巡幸褂2件,绵春绸紧身2件,其中鱼白色1件、灰色1件。蓝宁绸夹紧身1件,随貂领1条。

索子甲1副,勒里甲1副,朝带有金台嵌青金石方朝带1副,上嵌东珠32颗;金台嵌青金石手巾束,上嵌东珠8颗;蓝白春绸手巾;蓝素缎正珠云大荷包,上附珠子坠角;黑牛角鞘花羊角靶小刀,象牙牙签盒,金累丝带版嵌珠子软朝带、金累丝带版嵌珠子软带、金累丝下接黄宫绸软带、黄线软带各1副,朝珠有伽楠香朝珠1盘,青金石佛头、绿石塔、珊瑚背云、大坠角、珊瑚纪念坠角;珊瑚朝珠2盘,伽楠朝珠、青金石朝珠、琥珀念珠、黑牛角念珠、墨晶念珠、沙鱼皮念珠、扁核桃念珠各1盘;青缎倭缎云尖靴、石青蟒缎绵袜各1双。

以上所列,虽然仅仅是康熙帝生前服饰用品的一小部分,由此也可以看出, 作为封建帝王的康熙帝的生活还是很奢侈豪华的。根据这些也可以推断,康熙帝死后带入地下供其享受的物品数量也不会少的,其墓穴中丰厚的墓葬和价值连城的珍宝,带给康熙帝的不再是宁静长眠,而是毁棺抛尸,遗骨长年浸泡泥浆的悲惨结局。

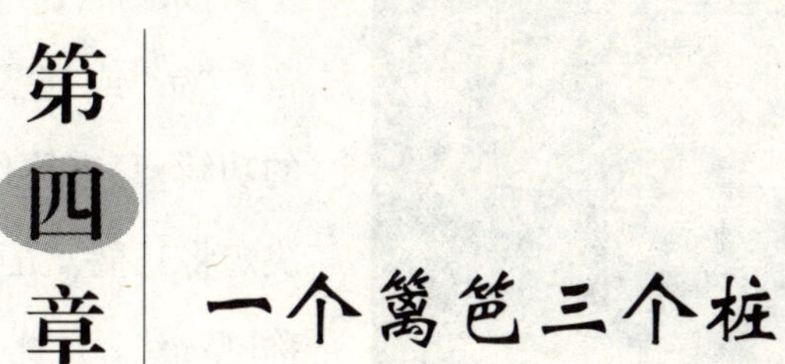

第四章　一个篱笆三个桩

作为封建统治者,康熙帝是清朝在位时间最长的皇帝,长达 61 年的皇权统治,一方面文治武功治理天下,但另一方面却促成他后宫女人数量急剧增加。封建社会是男尊女卑的社会,一些女人仅仅是供他享乐、发泄和繁衍后代的工具,但还有一些女人则是围在他身边为之服务的,辅佐帮助他治理天下的。她们一生所倾情的梦想及背后的辛劳都已隐匿在过去的历史尘埃里了。

景陵地宫:1 个男人和 5 个女人

在中国 2000 多年漫长的封建社会里,皇帝是国家的最高统治者,是封建专制统治的象征与代表。

那么,"皇帝"这个词语是怎么来的并如何解释呢?

皇帝名号来自"三皇五帝"。"三皇"指天皇、地皇、人皇,是传说中的远古

象征皇权的宝座

帝王;“五帝”指黄帝、颛顼、帝喾、唐尧、虞舜,是传说中的华夏民族领袖。公元前221年,秦王政统一中国,认为自己“德兼三皇,功过五帝”,“帝”或“皇”都不足以显出他的功绩,只有称作“皇帝”才行,遂决定将三皇、五帝的名号合一,自称“皇帝”。从此,皇帝一词就成为封建帝王的称号。秦王政还废除旧有的谥法,他自称“始皇帝”,子孙继位,为二世、三世,至千万世,传之无穷。于是,在中国便出现了皇帝的称号,这种称号一直沿用了2000多年,直到1912年清朝末代皇帝被推翻。

在景陵神秘地下宫殿里,埋葬着一个曾经缔造大清国神武时代的男人和他的五个女人,他们的身份是一个皇帝、四个皇后、一个皇贵妃。就是这六个人,生前代表着大清帝国的康熙盛世,死后标志着那个时代的结束。

一个国王或者皇帝,代表的不仅仅是一个国家、一个政权,还代表着当时社会的军事和经济。研究历史上的一个朝代,往往是从研究当时的政权人物和其后宫开始的。

康熙皇帝是世祖顺治帝的第三子,生于顺治十一年(公元1654年)三月十八日巳时,生母孝康章皇后佟佳氏,出生地点在紫禁城的景阳宫,全名是爱新觉罗·玄烨,自号体元主人。死于康熙六十一年(公元1722年)十一月十三日，葬入北京东面150公里的东陵。康熙帝8岁登基，在位61年，享年69岁，是中国历史上有文字记载以来在位时间最长的君主。“康熙”是爱新觉罗·玄烨皇帝的年号，其中“康”表示“安宁，平静”的意思，“熙”则表示“兴盛繁荣”，“康熙”这两个字合在一起就是“万民康宁、天下兴盛”的意思。

康熙为什么叫玄烨，或者说“玄烨”二字有什么含义呢？这与400多年前紫禁城里的一个汤若望的西洋人有关，顺治皇帝管他叫“玛法”，“玛法”在满语里是爷爷的意思。顺治皇帝的母亲，即孝庄文皇后，尊其为义父。康熙帝是1654年也就是顺治十一年出生的。就在此前一年，顺治皇帝赐予汤若望“通玄教师”的封号，加俸一级。3年后，也就是顺治十四年，顺治皇帝又为汤若望御撰《天主堂碑记》一文，并赐“通玄佳境”堂额。可见，在康熙皇帝玄烨出生前后的三四年间，“玄”字在顺治皇帝的心目中是十分重要的，儿子的名字里带着“玄”字，给洋“玛法”的赐物里两次带有“玄”字，它是汤若望传授的包括天文、历法、机械以及天主教信仰在内的、为顺治皇帝深深服膺的一套学说。“玄烨”之“玄”，乃汤若望所传学问之谓。“玄烨”者，乃祝愿洋“玛法”所传学问辉煌光大之意。

顺治皇帝于顺治十八年正月初七日驾崩，玄烨于正月初九日即皇帝位于太和殿，时年8岁，改年号为“康熙”。遵照世祖遗诏，以内大臣索尼、苏克萨哈、遏必隆、鳌拜辅政。康熙四年九月初八日大婚，册立索尼的孙女、领侍卫内大臣噶布喇的女儿赫舍里氏为皇后，当时康熙皇帝只有12岁。康熙六年七月初七日亲政，八年将鳌拜革职拘禁，十二年下令撤藩。三藩继而起兵叛乱，清政府全力平叛，到二十年叛乱被平定。两年后清军又攻灭台湾郑氏政权，并驻军屯守，备御西方殖民者的侵略。二十四年，出兵驱逐盘踞在黑龙江流域雅克萨的沙俄侵略军，遏制了沙俄的对华侵略野心。二十八年派索额图等与沙俄签订了《中俄尼布楚条约》，确定了中俄之间的东段边界。当时准

康熙帝青年时期的画像

噶尔部的首领勾结沙俄，发动叛乱，康熙皇帝三次御驾亲征，平息了叛乱。康熙帝晚年，又派兵平定了西藏少数上层分子勾结准噶尔的叛乱，从而加强了国内各民族的统一。

康熙皇帝在位期间，重视农业生产，奖励垦荒，收抚流民，停止圈地。任用靳辅等名臣治理黄河，减轻水患，保证大运河的通畅。他下令进行全国性的土地测量，绘制《皇舆全图》，开博学鸿词科，设明史馆，编纂《全唐诗》、《佩文韵府》、《康熙字典》、《古今图书集成》等多种书籍。他提倡程朱理学，下令禁止人殉。他屡兴文字狱，镇压反清思想。他在位期间，曾六巡江南，四出塞北，五幸五台山，一次东巡，一次西

康熙帝南巡图卷　康熙帝临河场面

巡，三次谒盛京。

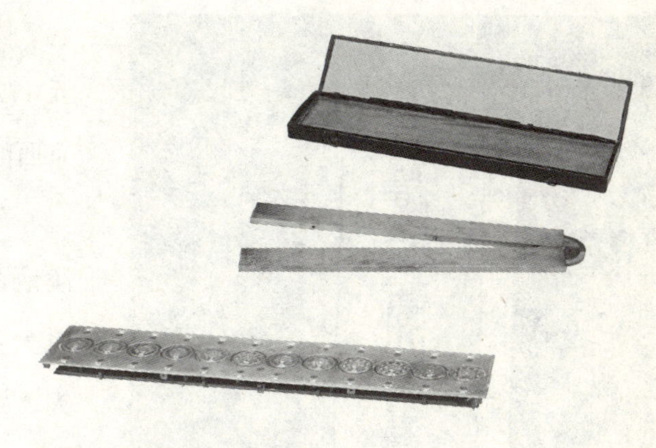

康熙帝学习时用的几何比例规

康熙帝用的数学用表

康熙皇帝是我国历史上一位具有雄才大略和远见卓识的英明君主。他聪颖好学，手不释卷，博闻强记，才华横溢。他深谙军事，精于骑射，是一位马上皇帝。他精通儒家经典，能诗文，擅书法。同时，他对西方的自然科学极感兴趣，对天文、地理、几何、数学、医学颇有研究。他勤于政务，数十年如一日。他曾说："今天下大小事务皆朕一人亲理，无可旁贷。若将要务分任于人，则断不可行。所以无论巨细，朕必躬自断制。"他是这样说的，也是这样做的，因此，康熙皇帝是我国历史上最勤政的皇帝之一。

康熙皇帝事亲至孝。他8岁丧父，10岁丧母，是在祖母孝庄文皇后和母后孝惠章皇后无微不至的照看下成长起来的。康熙皇帝为了报答她们的抚育之恩，对她们非常孝顺，被誉为天家盛事。康熙皇帝从不神化自己，他曾说："我出生的时候，并没有神奇灵异之处；以后长大了，也没有超乎寻常的地方。"他先后8次拒绝大臣们给他上尊号，这在封建帝王中是罕见的，也是难能可贵的。

圣祖仁皇帝大恩皇考圣灵之宝位

康熙六十一年十一月十三日(公元1722年12月20日)戌时病死于京西的畅春园,终年69岁。

在当时乃至现在最为神秘的皇陵地宫里面,陪伴康熙帝的还有当时大清国后宫最为顶尖的5个女人。她们分别是:孝诚皇后、孝昭皇后、孝懿皇后、孝恭皇后、敬敏皇贵妃。

“皇后”这个词语正如“皇帝”一样是一种名号,是一种代表身份和地位的尊称。那么,这些女人何以称皇后?并且康熙皇帝何以有4个皇后呢?

《汉书·外戚传》里面说:“帝母称皇太后,祖母称太皇太后,適妻称皇后。”古人认为,“后亦君也。天曰皇天,地曰后土,故天子之妃,以后为称,取象二仪。”即天和地。这是古人对“后”的理解和解释。

在清朝能够戴上皇后桂冠的女人主要有两种情况:

第一种情况 因为自己男人封的名号。皇帝即位之前的嫡福晋,比如乾隆皇帝即位后就立他的原配福晋为皇后;皇帝即位的时候年龄幼小,还没有结婚,通过大婚以后立的皇后,比如光绪、康熙、同治,他们通过大婚以后选立的皇后;还有就是皇帝当时还没有即位,他的原配大福晋就已去世,皇帝即位后也会追封死去原配夫人为皇后,同时册立新皇后。

第二种情况 因为儿子得到的名号。这个女人虽然不是原配大福晋,但

皇后之宝

是由于皇帝死后她的儿子当上了皇帝，于是就会直接尊称他亲生母亲为皇太后，有了皇太后这个名分，这个女人也就自然成了皇父的皇后。

在清朝还有一个特例就是对皇帝有抚育之恩的妃子，皇帝为了报答她的养育之恩，晋尊其为皇太后。比如道光帝的孝静皇后抚养过咸丰皇帝，被追尊皇太后以后，也就成了道光皇帝的皇后。

在景陵地宫的这5个女人，虽然她们现在身处的环境相同，然而她们生前的身世和经历却各有特点。

孝诚仁皇后，康熙的结发之妻 孝诚仁皇后，赫舍里氏，满洲正黄旗人，是康熙皇帝的原配皇后。她的祖父索尼是四朝元老，位居康熙初年的四大辅臣之首，父亲噶布喇是领侍卫内大臣。孝诚皇后生于顺治十年（公元1653年）十二月十七日。康熙四年（公元1665年），太皇太后不顾权臣鳌拜的阻挠，决定立这位大清功臣的女儿为皇后，七月七日行纳聘礼，九月初八日行大婚礼，正式册立为中宫皇后。当时孝诚皇后刚刚13岁，玄烨刚12岁，实际上孝诚皇后只比玄烨大4个月。婚后，小夫妻格外恩爱，相敬如宾。康熙八年（公元1669年）十二月十二日，孝诚皇后为康熙皇帝生了一个皇子，起名叫承祜。在这之前，庶妃马佳氏已生了皇子承瑞，所以承祜排行为皇二子。后来承瑞在康熙九年（公元1670年）夭折了，承祜成了事实上的皇长子；又因为

皇太子允礽

他是皇后所生，属于嫡出，加上承祜英俊聪明，所以，他颇受康熙帝和孝诚皇后的喜爱，被视为掌上明珠。未想到承祜只活到4岁就死了，给康熙皇帝和孝诚皇后以极大的精神打击。两年以后，即康熙十三年（公元1674年）五月初三日，孝诚皇后又为皇帝生了一个皇子，康熙皇帝欣喜若狂，为使这个皇子平安无事，仿照汉人做法，给他起了一个乳名，叫保成，大名叫允礽（实际当时叫胤礽，雍正帝即位后改为允礽）。因为允礽在出生时，他的6个兄长中已死了5位，所以允礽排行为皇二子。允礽是上午十时生的，因为是难产，孝诚皇后在当天下午四时就死在了坤宁宫，芳龄仅22岁。孝诚皇后是清朝唯一因难产而死的皇后。

皇太子允礽妃石氏

康熙皇帝与孝诚皇后结婚10年，感情笃深，非常恩爱。皇后英年早逝，使康熙皇帝痛断肝肠。康熙十三年（公元1674年）正是三藩叛乱的第二年，叛军几乎占据了半个中国，气势正盛，而清军平叛前线战事吃紧。21岁的康熙皇帝既要处理国政，还要指挥平叛战争，昼夜操劳，废寝忘食。就在这日理万机的紧张时刻，康熙皇帝为了痛悼爱妻，辍朝5日。从五月初六日到五月三十日这25天里，有20天康熙皇帝亲自到孝诚皇后梓宫前举哀、奠酒，进行祭奠。赠给她的谥号是"仁孝皇后"。孝诚皇后死后两天，即五月初五日，梓宫移到西华门外殡宫暂安。因当时康熙皇帝的陵寝尚未营建，只得于五月二十七日将梓宫移到巩华城殡宫暂安。孝诚皇后死后不久，康熙皇帝就派大臣到遵化孝陵附近相度万年吉地。康熙二十年(公元1681年)二月十九日，孝诚皇后和孝昭皇后的梓宫一同移往山陵。康熙皇帝沿途护送，三月初八日凌晨四时，两位皇后的梓宫正式入葬景陵地宫。

废太子允礽墓遗址

康熙皇帝死后，被谥为仁皇帝，这个"仁"字与孝诚皇后的最初谥号"仁孝皇后"的"仁"字重复，所以在雍正元年(公元1723年)改"仁孝皇后"为"孝诚皇后"。经雍正、乾隆、嘉庆三朝加谥，孝诚皇后的谥号全称是:孝诚恭肃正惠安和淑懿恪敏俪天襄圣仁皇后。

孝昭仁皇后，辅臣之女　孝昭皇后，钮祜禄氏，满洲镶黄旗人，她的祖父是清朝的著名开国功臣额亦都，被封为宏毅公，配享太庙。她的父亲遏必隆是清初的著名将领，屡立战功，是顺治皇帝临终任命的四大辅政大臣之一，后来被尊为太师。

孝昭皇后幼年就被选入皇宫，封为妃。康熙十三年(公元1674年)孝诚皇后死后，中宫悬缺，太皇太后对这件事非常关心，经过反复细心挑选，认为钮祜禄氏“钟祥世族，毓秀名门，秉性温庄，度娴礼法。柔嘉表范，夙昭令誉于宫庭；雍肃持身，允协母仪于中外”，可以继立为皇后。康熙十六年(公元 1677 年)八月二十二日，派大学士索额图为正使，大学士李蔚为副使，持节正式册立钮祜禄氏为皇后。无奈红颜薄命，钮祜禄氏刚当了半年皇后，就于次年二月二十六日病死于坤宁宫。如果按与康熙皇帝同岁算，年仅 25 岁。钮祜禄氏虽然当皇后时间不长，但她幼年入宫，侍奉皇帝的时间并不短，康熙皇帝对她很有感情，她死后，康熙皇帝辍朝 5 日，在丧期内，几乎天天到梓宫前奠酒、举哀。因为当时正处于平定三藩叛乱的战争年代，康熙皇帝下令免直隶各省文武官员齐集举哀、制服及遣官进香等活动。出征的王、贝勒及各官员的妻子免服丧服、摘耳环、翦发。皇后死后两天，将梓宫从坤宁宫移到武英殿暂安。三月二十五日从武英殿移到巩华城殡宫。康熙皇帝对钮祜禄氏的一生做了总结和评论，他说：“皇后钮祜禄氏，端懿夙著，作配朕躬。奉事太皇太后、皇太后恪恭婉顺，殚竭孝忱。正位宫闱，节俭宽仁，克襄内治。芳型伊始，淑德弥彰。兹于康熙十七年二月二十六日崩逝，追念壶仪，良深痛悼。”康熙皇帝让礼臣们为钮祜禄氏拟定谥号。谥法有“慈惠爱亲曰孝，圣闻昭达曰昭”之说，礼臣拟谥号“孝昭皇后”上奏，康熙皇帝认为很恰当，立即批准。册谥礼于康熙十七年(公元 1678 年)闰三月二十一日在巩华城殡宫举行，遣和硕庄亲王博果铎、多罗信郡王鄂札赍册宝前往册谥。康熙二十年(公元 1681 年)二月十九日孝昭皇后的梓宫与孝诚皇后梓宫一同移往遵化昌瑞山祖陵，于三月初八日寅时葬入景陵地宫。经雍正、乾隆、嘉庆三朝加谥，其谥号全称是“孝昭静淑明惠正和安裕端穆钦天顺圣仁皇后”。

孝昭皇后虽然出身名门宦家，由于她在皇后位浅，又未生育子女，连出生和入宫日期及确切岁数都未详细记载，可算是一位平淡无奇的皇后。

孝懿仁皇后,康熙的表妹　孝懿皇后,佟氏,初为汉军八旗,以后抬入满洲镶黄旗,改姓佟佳氏。

皇后身份尊贵,号称天下第一夫人,所以出身地位也应出在八旗的上三旗。清制,满洲八旗有上三旗和下五旗之分,上三旗指的是镶黄旗、正黄旗和正白旗。其余的镶白、正红、镶红、正蓝和镶蓝等旗,则属于下五旗。上三旗由皇帝亲自统帅,故其政治地位高于下五旗。但在实际选皇帝后妃时,才德具备的下五旗秀女也在皇后的选择范围内;或者出身下五旗的妃嫔,生的儿子当了皇帝的,母以子为贵,也就成为了皇太后,旗籍随之升为上三旗。但按照清朝的制度,旗籍在一定条件下是可以变更的,即可由下五旗升入上三旗,称为"抬旗"。孝懿皇后的姑母是康熙皇帝的生母孝康皇后,民间称做"姑做婆"。她的父亲佟国维既是康熙皇帝的舅父,也是岳父。康熙十六年 (公元 1677 年)八月二十二日佟氏被册封为贵妃。康熙二十年(公元 1681 年)十二月二十日晋封为皇贵妃,康熙二十二年(公元 1683 年)六月十九日生皇八女,此女 1 个月后就死了。

康熙二十八年(公元 1689 年)七月初,佟氏得了病,而且很重,皇太后知道了这件事后,非常关心和怜惜,联想起佟氏多年来抚育众皇子,勤勤恳恳,无微不至,任劳任怨,非常不易;又想到自孝昭皇后死后,10 多年来,中宫久虚,因此皇太后给皇帝下了一道懿旨:"皇贵妃佟氏,孝敬性成,淑仪素著,鞠育众子,备极恩勤。今忽而遘疾,势在濒危,予心非常轸惜,应即立为皇后,以示恩宠。"康熙皇帝遵照皇太后懿旨,于七月初九日发出谕旨,宣布正式晋尊皇贵妃佟氏为皇后。皇帝册封妃嫔,从发出谕旨到行册封礼,一般需要几十天,甚至几个月的时间,而册立皇后所用的时间则更长。这次因佟氏已病势垂危,情势急迫,经过昼夜紧张准备,在谕旨发出后的第二天,即七月初十日上午就举行了册立礼,颁诏全国。佟氏实在命舛福薄,在被立为皇后的当天

孝懿皇后谥册

孝懿仁皇后谥宝

孝懿仁皇后谥宝文

下午就与世长辞了。虽然她只当了1天皇后,但她的丧葬礼仪则完全按皇后的等级办理。

佟氏死后,康熙皇帝很悲痛,辍朝5日,穿孝服10天。九月二十二日行册谥礼,谥号为孝懿皇后。

孝懿皇后的梓宫先停放在承乾宫正殿,同年七月十三日将梓宫移到朝阳门外殡宫,十月十一日梓宫奉移山陵,康熙皇帝亲自护送。十二月二十日上午十时,孝懿皇后梓宫葬入景陵地宫,康熙皇帝再一次亲临景陵,为孝懿皇后奠酒。经雍正、乾隆、嘉庆三朝加谥,孝懿皇后的谥号全称是:"孝懿温诚端仁宪穆和恪慈惠奉天佐圣仁皇后。”

孝恭仁皇后，雍正帝的生母　孝恭皇后，乌雅氏，满洲正白旗人。其父是护军参领威武。她生于顺治十七年(公元1660年)，10多岁就被选入了皇宫，成为皇帝众妃嫔中地位比较低下的嫔御。

1943年，美国学者恒慕义先生在《清代名人传略》中说：“雍正……他是圣祖康熙帝的第四子，其母孝恭皇后原系宫女，胤禛生后一年，始晋为嫔妃。”由于她在康熙十七年(公元1678年)十月三十日生下了一个非同寻常的皇子，母以子贵，从而使她列入了清代皇太后的队伍之中，有幸葬入景陵地宫。这位皇子就是大清国入关后的第三帝清世宗雍正皇帝。《清实录》和泰陵圣德神功碑文对乌雅氏生雍正皇帝的情景都有神话般的记述，说乌雅氏“尝梦月入怀，华彩四照；诞生之夕，祥光煜爚，经久弗散，阖宫称异”，那年乌雅氏19岁，她自此以后有了好运，地位不断上升。康熙十八年(公元1679年)十月十三日被册封为德嫔，康熙十九年(公元1680年)二月初五日生皇六子允祚，康熙二十年(公元1681年)十二月二十日册封为德妃，康熙二十一年(公元1682年)六月初一日生皇七女，康熙二十二年(公元1683年)九月二十二日生皇九女固伦温宪公主，康熙二十五年(公元1686年)闰四月二十四日生皇十二女，康熙二十七年(公元1688年)正月初九日生皇十四子允禵，即后来的抚远大将军、恂郡王。康熙皇帝驾崩后，乌雅氏痛不欲生，饮食俱废，要以身殉夫，追随康熙皇帝于九泉之下。雍正皇帝跪在乌雅氏面前，一边哭一边苦苦哀求说：“皇考以大事遗付冲人，今圣母若执意如此，臣更何所瞻依，将何以对天下臣民?”乌雅氏仍然不吃不喝。雍正皇帝最后表示：如圣母仍坚持要殉葬，那么，我这个皇帝也不当了，也随圣母一起死。在这种僵持情况下，乌雅氏才被迫答应不殉葬，恢复了饮食。自雍正皇帝即位以后，立即尊其生母乌雅氏为皇太后，并拟定了“仁寿”二字的徽号，但是还未来得及举行上徽号礼，乌雅氏就于雍正元年(公元1723年)五月二十三日病死了，享年64岁。乌雅氏的梓宫停放在宁寿宫正殿，五月二十六日移到景山寿皇殿。八月十二日行上谥礼。因为乌雅氏死时康熙皇帝的梓宫还停在景陵隆恩殿内，没有葬入地宫，所以她得以与康熙皇帝合葬于景陵。雍正元年(公元1723年)八月十八日乌雅氏梓宫奉移山陵，九月初一日与康熙皇帝一起葬入景陵地宫。乌雅氏经乾隆、嘉庆两朝加谥，谥号全称是："孝恭宣惠温肃定裕慈纯钦穆赞天承圣仁皇后。"

雍正皇帝即位初期，政治斗争很复杂。当时传说雍正皇帝把他的政敌同母弟允禵调回京师后软禁起来，乌雅氏想见一见允禵，雍正帝不让见，乌雅氏一气之下，一头撞死，故有逼母之说。针对这个传闻，雍正皇帝曾在《大义觉迷录》中为自己进行了辩解。但最终事与愿违，大有欲盖弥彰之嫌疑，雍正帝弄巧成拙，愈描愈黑，留下一段历史上亲生母亲被逼死的疑案。孝恭皇后共生育了6个儿女，在康熙皇帝的4个皇后中生育子女最多。

因儿得福的敬敏皇贵妃

与康熙帝和孝恭皇后同时入葬景陵地宫的还有一位皇贵妃，她就是敬敏皇贵妃章佳氏。因此景陵地宫开启了清代皇帝陵葬入皇贵妃的先例，并且是死了24年被追封皇贵妃后由景陵妃园寝迁葬过来的。在景陵妃园寝内有比敏妃更为尊贵的皇后之妹温僖贵妃；有比她入宫更早，生育皇子皇女更多的荣妃，为什么敏妃却荣获了祔葬景陵的殊荣呢?

其原因就是她的儿子允祥是雍正皇帝的心腹，她是沾了儿子的光。雍正元年(公元1723年)六月二十五日追封敏妃为皇考敬敏皇贵妃，同年九月初一日随康熙皇帝、孝恭仁皇后葬人景陵地宫。

敬敏皇贵妃章佳氏，满洲镶黄旗人，是参领海宽的女儿。入宫后被封为妃，康熙二十五年(公元 1686 年)十月初一日生皇十三子允祥，康熙二十六年（公元 1687 年)十一月二十七日生皇十三女和硕温恪公主，康熙三十年(公元 1691 年)正月初六日生皇十五女和硕敦恪公主。康熙三十八年(公元 1699 年)七月二十五日，这位给皇帝生育了一男二女的皇妃溘然长逝。康熙皇帝对这位温良柔顺的皇妃怀有特别的深情，于是在章佳氏死后 7 天，康熙皇帝向礼部发出了一道上谕："妃章佳氏，性行温良，克娴内则，久侍宫闱，敬慎素著，今以病逝，深为轸悼，其谥为敏妃。"在清朝，只有皇后、皇贵妃死后才赐予谥号。贵妃得谥要奉特旨。妃子获谥则极罕见，这足见康熙帝对敏妃的喜爱。

允祥像

另外，值得一提的是就在敏妃的丧期内，康熙朝曾发生过一件震动朝野的剃发案。

在清代，凡是男子都必须把头的前半部的头发剃掉，把后半部的头发编成一条辫子，前半部的头发一长起来，就要及时剃掉，长期保持光光的。人们对这种发式早已习以为常，如果不及时剃掉，反倒觉得不舒服。但是如果遇到皇太后、皇帝、皇后去世等国丧，上至亲王，下至庶民，在百日以内不得剃发。如果皇帝的妃子薨逝，皇帝指派的皇子、王公大臣、办理丧事的官员以及有关人员在百日内也不得剃发，以此表示对死者的哀悼和敬意。否则则以大不敬严惩，重者杀头，轻者削职为民或流放。

康熙三十八年(公元 1699 年)九月初，敏妃丧期未满百日，康熙皇帝的第三子诚郡王允祉擅自剃了发，被人告发。康熙皇帝闻知大怒，立即降旨将允祉拘禁在宗人府，让大臣对允祉严加议罪。办理允祉王府事务的两个侍郎及王府的长史因对允祉的违制行为不能劝阻，也被锁拿入狱，从重议罪。众大臣遵照皇帝的旨意，经会议，拟对允祉等人做如下处理：革去允祉的王爵。将办理王府事务的刑部左侍郎绥色、右侍郎辛保、王府长史马克笃、一等侍卫哈尔萨全部革职，带上刑枷，示众三个月。每个人鞭打一百，不准折赎。康熙皇帝看了大臣拟的处理意见后，朱笔一挥，做了如下批示：允祉从宽革去郡王，降为贝勒。辛保、马克笃、哈尔萨俱革职，鞭一百，允许折赎。绥色自任侍郎以来，实心效力，从宽免罪，仅将管理王府事务的差使革去。

皇帝的女人，三六九等

人们常在口头这样说："皇帝有三宫六院七十二嫔妃"，意思是说，皇帝的老婆很多。其实在历朝历代，皇帝后宫中所有的女子，包括那些宫女，都是供皇帝一个人驱使享用的，根本谈不上数量的限制，但是出于封建礼教的虚伪性，在典章礼法上还是做了表面的规定。

曾有读者来信问笔者："徐广源老师在《正说清朝十二帝陵》一书中介绍：'清东陵的景陵、景妃园寝及双妃园寝共埋葬着康熙帝的55位后妃，'这55位后妃从皇后到答应，级别不等，但既然能够埋到景陵序列的皇家陵寝中，就足以说明她们和康熙帝有夫妻关系，而阎崇年老师在《正说清朝十二帝》一书中却介绍了康熙帝有40位配偶。这55位后妃与40位配偶有什么样的联系与区别呢？"

笔者为这个问题询问父亲徐广源先生，他这样对笔者解释："书中说的后妃数量是根据康熙皇帝在陵寝内地宫实际葬的人数而说的，并且在看守皇陵人员编写的《陵寝易知》中有详细的妃嫔记载。所以对于康熙帝具体有

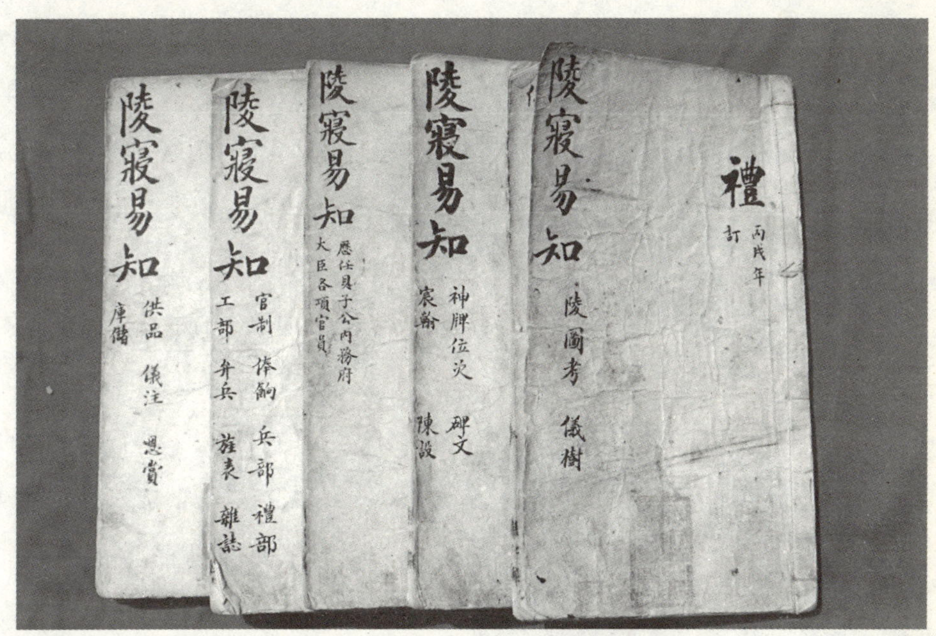

清东陵守护官员编写的《陵寝易知》

多少后妃还是应该以埋葬陵寝内人数为准，康熙有55位妃嫔。”而对于阎崇年老师所说“康熙有40位配偶”的说法的来源，笔者的父亲专门请教阎崇年老师，阎崇年老师这样解释：“是根据皇家牒谱上的记载。”“牒谱”实际上就是民间常说的家谱。皇帝的家谱称“玉牒”，在玉牒中，皇帝的低级侍妾，如常在、答应等都不载入，所以玉牒中的皇帝后妃数少于葬入皇陵的实际数。

彼此说法都有根有据，那么，康熙帝到底有多少女人呢？

清初，后妃制度不健全。清朝的后妃制度是随着封建专制制度的确定和发展而逐步形成和完善的。

清太祖努尔哈赤时期，还没有建立后妃制度，人数随意性很强。后妃的名称也只是沿袭满族多年来的习俗，正妻称“福晋”、妾称“侧福晋”。天聪初年（公元1627年），清太宗皇太极为了区别诸多福晋的名号，以福晋的住所确定福晋的名号，有中宫大福晋、西宫福晋、东宫福晋。天聪六年（公元1632

清朝皇家族谱—大黄绫本《玉牒》和小红绫本《玉牒》

存放皇家族谱"玉牒"的档案库

年)，皇太极登极做了皇帝，改"后金"为"大清"，改年号"天聪"为"崇德"，并开始建立后妃制度，册立了清朝历史上第一位皇后孝端皇后，即原先的中宫大福晋博尔济吉特氏，以及东宫(关雎宫)的宸妃、西宫(麟趾宫)的贵妃、次东宫(衍庆宫)的淑妃、次西宫(永福宫)的庄妃。"五宫并建，位号既明，等威渐辨"，这就是清朝的早期后妃制度。

清入关定都北京后的后妃制度，可以在顺治皇帝的后妃陵寝中找到佐证。顺治皇帝的孝东陵中葬有皇后1、妃7、福晋4、格格17。孝东陵的格格，指的是顺治皇帝的低级侍妾，不是我们一般认为的皇家女儿。福晋清早期称"福金"，到了乾隆年间才改称"福晋"。意思是一样的，只是将"金"换成了"晋"而已。孝东陵里葬的4位福晋也是顺治帝较低级的妾。到了康熙年间,后妃制度才逐步健全起来。康熙朝规定:在同一时期,后宫可有皇后1、皇贵妃1、贵妃2、妃4、嫔6,贵人、常在、答应无定数。康熙在位时间长达61年,其后宫的女人数量也因此居清帝之首,据皇家玉牒上记载是40人,而根据实际埋葬康熙陵的人数则是55人。但据其他的清宫档案记载,康熙的后宫女人,或者再准确一点的说,有资格给康熙帝侍寝的女人不少于200人。

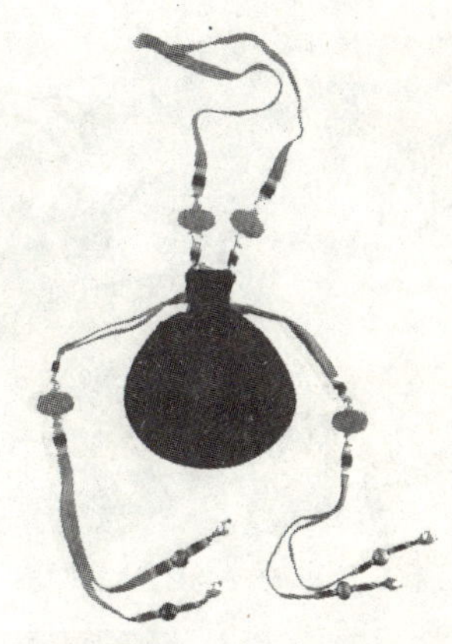

后妃使用的镶珠青缎荷包

后妃所用的餐桌

乾隆五十四年(公元1789年)正月,“总管内务府遵旨查得,康熙四十六年,乾清宫主位十六位,大答应十人。景阳宫大答应四十七人,小答应八十二人。毓庆宫主位三人,大答应七人,小答应二十二人。所内答应四十一人,学生三十八人,女子共一百三十二人。一年宫分分例等项,约计共需银三万七百九十八两一钱五分八厘。”这就是说,在康熙四十六年(公元1707年),宫内共有大答应64人,小答应104人,答应41人,共计209人,而葬入景陵的答应只有9人。上述档案中的学生、女子还不算数,这里所指的学生和女子目前也不清楚其身份是什么?但从排列顺序上看,学生级别的人身份要高于女子,难道学生是负责管理女子的女官?这一切还需要进一步考证。

后妃所用的带钟表的容镜

据《国朝宫史》记载,雍正六年(公元1728年)

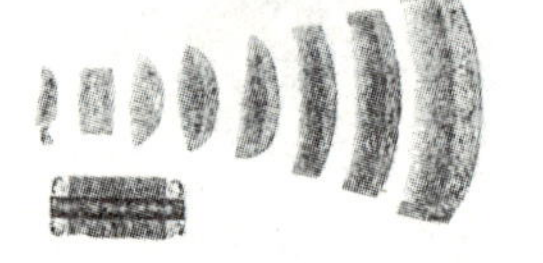

后妃所用的黄杨木什锦梳具

四月二十一日，雍正帝在给内务府官员的一道谕旨中讲："今日总管等所奏易贵人之事，似此贵人入陵尚可，陵内关系风水之地，嗣后尔等宜加以斟酌，如曾奉御皇考之贵人则可。若随常加封者，则不可。或在外围周方左右，或在苏妈里姑(即人们常说的苏麻喇姑)之左右，而等谨记。或遇事出，同内务府总管密议具奏。"这在告诉人们，因为关系到陵寝的风水问题，雍正帝只同意侍过寝的贵人级别以上的女人葬入皇陵(这里说的康熙陵泛指康熙景陵和康熙景妃园寝)，而其他的没有真正侍过寝的贵人是不可以葬入皇陵的，因为在雍正帝看来，这里面的一些贵人级别的女人有些是随常加封，没有真正意义上的男女关系，当时对她们的加封只是一个空头衔。当时雍正帝也考虑到了，假如是低于贵人级别的女人，却在事实上与康熙睡过觉了的，则可以另行考虑。这也就是说，那些常在、答应级别的女人也是在考虑范围内的。这就出现了康熙陵为什么有低于贵人级别女人也葬入妃园寝的现象。这在事实上确认了康熙朝后妃制度的基本雏形：即皇后、皇贵妃、贵妃、妃、嫔、贵人、常在、答应的等级格局。

后妃所用的香水瓶

那些没有陪康熙帝睡过觉但却戴上了"贵人、常在、答应"头衔的女人，则被埋葬在清东陵外围，具体地点除了苏麻喇姑园寝之外，尚不清楚。

总管内务府印

清末预选的秀女

未亡女人的生死悲歌

清宫后妃的来源主要是通过"选秀女"的方式。挑选秀女的目的,除了充实皇帝的后宫,就是为皇室子孙拴婚,或为亲王、郡王和他们的儿子指婚。

顺治朝规定:凡满、蒙、汉军八旗官员、另户军士、闲散壮丁家中年满14岁至16岁的女子,都必须参加3年一度的备选秀女,17岁以上的女子不再参加。乾隆五年(公元1740年)又进一步规定,如果旗人女子在规定的年限之内因种种原因没有参加阅选,下届仍要参加阅选,没有经过阅选的旗人女子,即使到了20多岁也不准私自聘嫁,如有违例,她所在旗的最高行政长官即该旗都统要经行查参,予以惩治。乾隆二十年(公元1755年),再次补充规定:应阅视的秀女,在未受阅选之前私自与宗室王公结亲者,其母家照隐瞒秀女例议处。至于参选秀女的年龄,根据清宫档案记载,到清末光绪年间,最小的11岁,大的可达20岁。因此,据说清代八旗之家有个不成文的规定,就是在女儿出嫁之前,从来不对长辈或其他亲属行跪拜大礼。因为这些女子都要经过选秀女的程序,日后有可能成为皇帝的妃嫔甚至"母仪天下"的皇后,

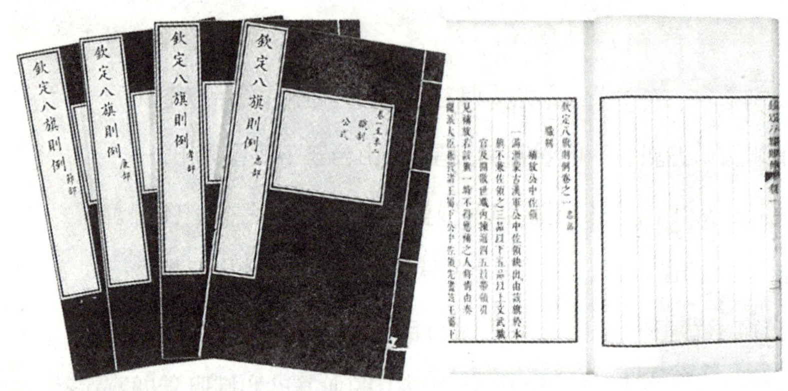

《钦定八旗则例》

如果真当选的话，这些女子的亲族长辈反倒要给她们行朝廷大礼。

“选秀女”制度，是为皇帝及其子孙们挑选后妃妻妾的办法。

顺治八年（公元1652年），刚刚14岁的少年天子，迎娶了他的第一位新娘——他母亲孝庄文皇后的侄女博尔济吉特氏，但这位来自蒙古科尔沁草原的皇后，生活极尽奢华、任性而且嫉妒心极强，与顺治帝的夫妻关系日渐疏远，两人虽近在咫尺，却如陌路。两年后，顺治帝以夫妻不和以及此婚姻系睿亲王多尔衮包办，没有经过自己挑选为由，决定将皇后废掉。虽经满朝文武大臣和自己母亲百般阻止、劝解，但还是在顺治十年（公元1654年）八月二十六日将皇后降为静妃，改居侧宫，并以谕旨的形式布告天下：选立皇后，作范中宫，敬稽典礼，应于内满洲官员之女，在外蒙古贝勒以下、大臣以上女子中，敬慎选择。这次以选皇后为由经行的选拔，部分改变了满族统治者的婚姻方式。清入关前，满族统治者主要通过与相邻民族或部落通婚，特别是与蒙古通婚的方式，以达到巩固和扩大自己势力范围的目的。顺治帝这次将满洲官员和外藩王公大臣家的女子纳入选择后妃的范围，无疑是扩大了联姻的范围。

清太祖努尔哈赤在统一女真的过程中,创立了八旗制度。这套制度是在女真人原来的狩猎组织基础上建立的,是军政合一的制度,兼有行政、军事、生产等多方面职能。以黄、白、红、蓝四色旗帜为标志,组成镶黄、镶白、镶红、镶蓝、正黄、正白、正红、正蓝八旗。后来又建立了蒙古八旗和汉军八旗,共二十四旗,这是清政权赖以统治的主要支柱;内务府包衣三旗则是清皇室的奴隶,二者的政治地位不同。所以,尽管清初将八旗和包衣三旗的女子都称为秀女,但挑选的方法和她们在宫中的地位是不同的。

八旗秀女,每3年挑选一次,由户部主持,可备皇后妃嫔之选,或者赐婚近支(即三代以内、血缘关系比较密切的)宗室;包衣三旗秀女,每年挑选一次,由内务府主持,其中虽然也有一些人最终被逐渐升为妃嫔,但承担后宫杂役的,都是内务府包衣之女。到了清朝后期,包衣三旗的应选女子就不再称为秀女,而在挑选宫女时,就明确地说“引见包衣三旗使女”了。所以说,能够成为皇帝后妃的,主要是八旗秀女。

清宫皇后身边宫女画像

清朝明文规定:八旗秀女阅看时,必须着旗装,严禁时装。挑选的标准:一是品德,二是门第。

挑选秀女的程序,先由户部奏报皇帝,奉旨允准后,立即行文八旗都统衙门,由八旗的各级基层长官逐级将适龄女子花名册呈报上来,到八旗都统衙门汇总,最后由户部上报皇帝,皇帝决定选阅日期。因为有病、残疾、相貌丑陋而确实不能入选者，也必须经过逐级具保，申明理由，由都统咨行户部，户部奏明皇帝，获得允准后才能免去应选的义务，听其自行婚嫁。

各旗选送的秀女，要用骡马车提前送到京城。由于众多秀女的家庭背景不一，官宦人家尚有车辆，而兵丁之家只能雇车乘坐。因此，乾隆朝规定："引看女子，无论大小官员、兵丁女子，每人赏银一两，以为雇车之需。……此项银两，……著动用户部库银。"

秀女们抵达京城后，在入宫应选的前一天，坐在骡车上，由本旗的参领、领催等"排车"，根据满、蒙、汉不同出身进行排序。最前面的是宫中后妃的亲戚，其次是以前被选中留了牌子、这次复选的女子，最后是本次新选送的秀女，分别以年龄为序排列，鱼贯衔尾而行，车树双灯，上有"某旗某佐领某某人之女"的标识。日落时分发车，入夜时进入地安门，到神武门外等待宫门开启后下车，在宫中太监的引导下，按顺序进入顺贞门。初选完毕的秀女们在神武门外依次登上她们来时所乘坐的骡车，各归其家。

乾隆后妃图

康熙 8 岁当皇帝，12 岁就结婚，在位时间长达 60 年，他的后妃随着"选秀女"制度的执行逐步增多。随着岁数的增大，康熙帝的身体也渐渐感到支持不住了，面对身边这么多女人，他不得不考虑自己的身后之事了。人作为生物，既然有生的开始，那么就意味着有死的结束。康熙帝虽然贵为天子，但是他毕竟也是有血有肉的人，大自然生老病死的自然规律对他没有丝毫的眷顾。康熙帝作为一代英主，心里更明白这个规则。他身边的这些女人在他百年之后的去留则是他必须考虑的问题。

果亲王允礼像（郎世宁画）

为此，康熙帝在晚年专门写了一道谕旨，一式两份，分存两处，以备不虞。康熙帝死后，雍正即位不久曾对诸王大臣这样说："朕即位后，恭检皇考所遗朱批谕旨，内有料理宫闱家务事宜一纸，皇考谕令有子之妃嫔，年老者各随其子，归养府邸，年少者暂留宫中。朕谨遵圣谕，遣人询问诸位母妃，据称此系天恩，咸愿随子归邸。"这意思是说，雍正帝在做了皇帝之后，检查康熙帝的谕旨的时候，发现了康熙帝为自己女人做的一个决定，在决定中规定：如果生育了儿子，并且岁数很大了，那么就可以随自己的儿子在一起生活，以享母子的天伦之乐。那些年纪不算老的，但也生育儿子的，暂时留在皇宫中生活。

清制，新皇帝登基后，将前朝皇帝的妃嫔移居到慈宁宫、宁寿宫。慈宁宫、宁寿宫即相当于民间常说的寡妇院。老皇帝死后，虽然她们的身份备受尊重，但是在宫门似海的皇宫内，丝毫没有自己的自由，不可能与自己的父母见面，更不可能与自己的儿子、亲人在一起颐养天年。一面是孤独寂寞，一面是天伦之乐，那些在与世隔绝的皇宫里长期生活女人们，自然首选随儿子在生活一起了。

那些在雍正朝就已年老的康熙帝的女人,很幸运地赶上了好时代,她们在雍正帝的合理安排下,与自己的儿子生活到了终年。而那些“暂留宫中”的女人们,则在乾隆帝的新政策中永远留在了皇宫内。乾隆帝即位不久,康熙帝十六子庄亲王允禄、十七子果亲王允礼,奏请按照前例,要求各自迎接自己的母妃到府第,乾隆帝没有同意,并且宣布:“自今以后,每年之中,岁时伏腊,令节寿辰,二王及各王、贝勒,可各迎太妃太嫔于府第,……,其余仍在宫中。……以后和亲王(乾隆同父异母弟弟弘昼)分府时,其侍母妃亦照此礼行。”乾隆帝的意思是说,在今后,原先的规定作废,康熙朝生育儿子的但还留在皇宫中的女人,只能在一年中的寒暑和本人生日的时候可以到儿子的府第生活一段时间,并且这个新规定从此永远有效。

景妃园寝宫门

自此,康熙帝的那些生育过儿子的女人算是有了自己的归宿了。而那些虽然生育但没有儿子的女人则永远生活在皇宫中,直到死。最可怜的则是那些有了名号而没有与康熙帝发生过性关系的女人,她们的命运往往还不如宫女幸运,宫

景陵妃园寝宝顶(局部)

女到了30岁(雍正朝改为25岁)还可以出宫婚嫁,而她们因为是康熙帝的女人，生前在宫中孤独冷清，死后却只能葬在妃园寝，甚至死后葬在什么地方都不知道。

景陵妃园寝三座门

妃嫔、皇子和空穴

中华民族素有夫妻合葬的传统,但是作为皇帝,这个事情就显得不那么简单了，皇帝总不能像平常百姓那样把自己的大大小小的老婆都带入自己的陵寝地宫。按照清制,能葬入皇帝地宫,长眠皇帝棺椁旁边的女人只有皇后和个别皇贵妃,普通的贵妃以下级别的女人,虽然活着的时候有机会与皇帝在一起睡觉、吃饭,但死后根本无资格与皇帝合葬在一起。

景陵妃园寝一孔桥

在封建社会,人与人之间存在着严格的等级差别,不仅活着人分等级，就是死后埋葬的墓地也是如此,皇帝和皇后的墓地称为“陵”,而妃嫔的墓地只能称“园寝”,不能称“陵”。建筑规格和颜色也有严格的规定,在建筑规制上较帝、后陵明显低下,妃园寝只能用绿色琉璃瓦、布瓦,不能用黄琉璃瓦。因此,绿琉璃瓦是妃园寝的明显标志之一。

大清帝国营造景陵的同时,也营建了景陵妃园寝。这座妃园寝不仅是清王朝入关后的第一座妃园寝，而且还是清代所有妃园寝中内葬人数最多的妃园寝。妃园寝与皇后陵一样，也是建在皇帝陵旁边，属于皇帝陵的附属陵寝。大门、享殿、燎炉等以绿琉璃瓦盖顶；厢房、值班房覆以灰布瓦；宝顶下墓室结构有石券、砖券、砖池三种。建筑规制明显逊于帝、后陵。景陵妃园寝的建筑格局是清代妃园寝的样板。

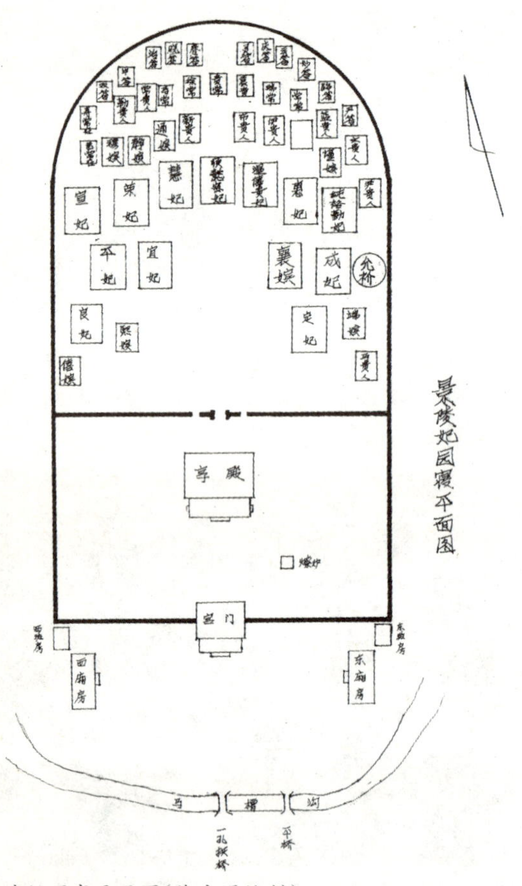

景陵妃园寝平面图(徐广源绘制)

景陵妃园寝宝顶

景陵妃园寝位于景陵东侧 0.5 公里处，内葬康熙帝的 48 位妃嫔和 1 位皇子。始建于康熙十五年左右，完工于康熙二十年（公元 1681 年）。初称“妃衙门”，到雍正五年(公元 1721 年)改称景陵妃园寝。

景陵妃园寝坐北朝南，建筑布局由南往北依次为：一孔拱桥及平桥、东西厢房、

贵妃之宝

东西值班房、大门、燎炉、享殿、园寝门,后院内是宝顶群,分七层排列,共建有大、小宝顶49个,其中贵妃1位,妃11位,嫔8位,贵人10位,常在9位,答应9位,皇子1位。这些人均各自为券(有1个空券),其葬位按生前地位而定,地位高者在前,居中;地位低者在后,列两侧。每个宝顶都建在砖石结构的月台之上,有台阶数级。

这些人的坟墓分为七层,按左东右西顺序排列。

第一层共2位,左为马贵人,右为僖嫔;第二层4位,左起端嫔、定妃、熙嫔、良妃;第三层5位,为十八阿哥、成妃、襄嫔、宜妃、平妃;第四层7位,为纯裕勤妃、惠妃、温僖贵妃、顺懿密妃、慧妃、荣妃、宣妃;第五层10券,葬9位,尹贵人、谨嫔、空券、伊贵人、布贵人、新贵人、通嫔、静嫔、穆嫔、色常在;第六层11位,文贵人、蓝贵人、常常在、瑞常在、袁常在、贵常在、徐常在、石常在、常贵人、勒贵人、寿常在;第七层11位,为尹常在、路常在、妙常在、秀答应、庆答应、灵答应、春答应、晓答应、治答应、牛答应、双答应。

景陵妃园寝从葬入第一个妃子开始到最后一个妃子结束,共经历了康雍乾三朝88年之久,她们生前有贵贱,死后却没有了距离,统一埋葬了这里。这期间是一个辛酸而漫长的过程,也许还包含着许多不为人知的历史故事。

温僖贵妃,钮祜禄氏,满洲镶黄旗人,为太师果毅公遏必隆女,孝昭仁皇

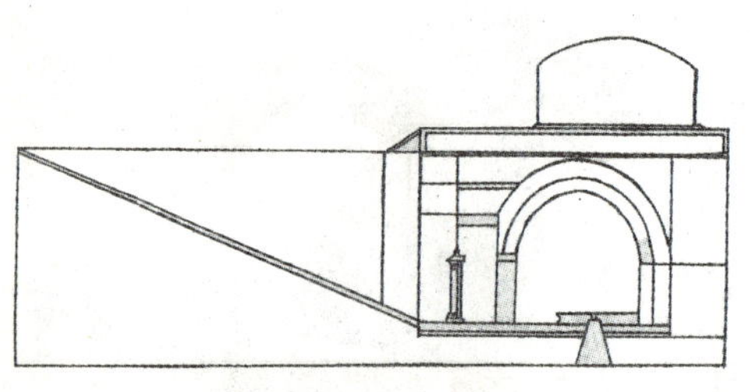
妃型地宫构造示意图(王其亨绘)

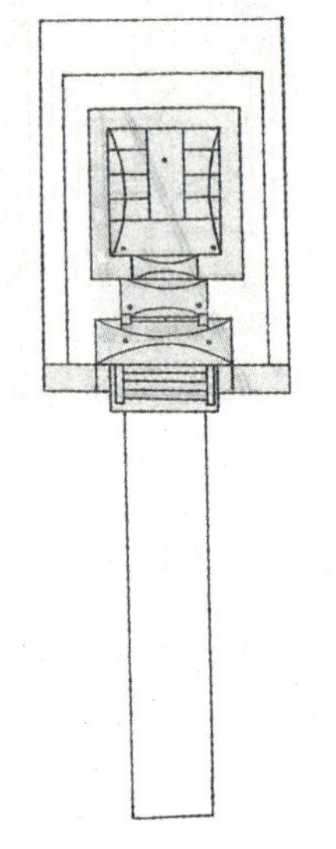
妃型地宫平面图(王其亨绘)

后之妹。康熙二十年(公元1681年)十二月册为贵妃。康熙二十二年(公元1683年)生皇十子敦郡王允䄉。康熙二十四年(公元1685年)生皇十一女。康熙三十三年(公元1694年)十一月初三日卒,谥为温僖贵妃。康熙三十四年(公元1695年)九月初八日葬入妃园寝。

慧妃,博尔济吉特氏,科尔沁三等台吉阿郁锡女,待年宫中,康熙九年(公元1670年)四月十二日卒。五月初九日追赠慧妃。康熙二十年(公元1681年)葬入景陵妃园寝,她是最早葬入园寝中的人。

平妃,赫舍里氏,满洲正黄旗人,领侍卫内大臣承恩公噶布拉之女,孝诚仁皇后之妹。康熙三十年(公元1691年)生皇子允禨,康熙三十五年(公元1696年)六月二十日卒,当月追封为平妃。

良妃,王氏,满洲正黄旗包衣人内管领阿布鼐女。本为辛者库,因罪籍没入宫,康熙二十年(公元1681年)生皇八子允禩。康熙三十九年(公元1700年)十二月册为良嫔,后来晋为良妃。康熙五十年(公元1911年)十一月十二日卒。

荣妃,马佳氏,员外郎盖山女,待年宫中。康熙六年(公元1667年)生皇子承瑞,康熙十年(公元1671年)生皇子赛音察浑,康熙十一年(公元1672年)生皇三女固伦荣宪公主,康熙十三年(公元1674年)生皇子长华。康熙十四年(公元1675年)生皇子长生,康熙十六年(公元1677年)生皇三子诚隐郡王允祉,八月晋荣嫔。康熙二十年(公元1681年)十二月晋荣妃,雍正五年(公元1727年)闰三月初六卒。当年十二年初四日奉安。她是清朝生育皇子最多的妃子。

妃冬朝冠

宜妃,郭络罗氏,满洲镶黄旗人,佐领三官保之女,初为贵人。康熙十六年(公元1677年)八月册为宜嫔。康熙十八年(公元1679年)生皇五子恒温亲王允祺,康熙二十年(公元1681年)十二月晋宜妃。康熙二十二年(公元1683年)生皇九子原封贝子允禟。康熙二十四年(公元1685年)生皇十一子允禌。雍正十一年(公元1733年)八月二十五日卒。

宣妃,博尔济锦氏,科尔沁达尔汉亲王和塔女,世祖悼妃侄女。康熙五十七年(公元1718年)册为宣妃,乾隆元年(公元1736年)八月初八卒。乾隆二年(公元1737年)九月二十一入葬。

成妃,戴佳氏,亦做达甲氏,满洲镶黄旗人,司库卓奇女。康熙十九年(公元1680年)生皇七子淳亲王允祐。康熙五十七年(公元1718年)十二月册为成妃。乾隆五年(公元1740年)十月三十日卒。乾隆六年(公元1741年)三月二十四日入葬。

顺懿密妃,王氏,知县王国正女。康熙二十年(公元1681年)入宫,康熙三十二年(公元 1693 年)生皇十五子愉恪郡王允禑。康熙三十四年(公元 1695 年)生皇十六子庄恪亲王允禄。康熙四十年(公元 1701 年)生皇十八子允祄。五十七年十二月册封为密嫔。雍正二年(公元 1724 年)六月世宗晋尊为皇考密妃,乾隆元年(公元 1736 年)十一月高宗晋为皇祖顺懿密太妃。乾隆九年(公元 1744 年)四月十八日卒,年 70 岁。乾隆十年(公元 1745 年)四月十六日入葬。

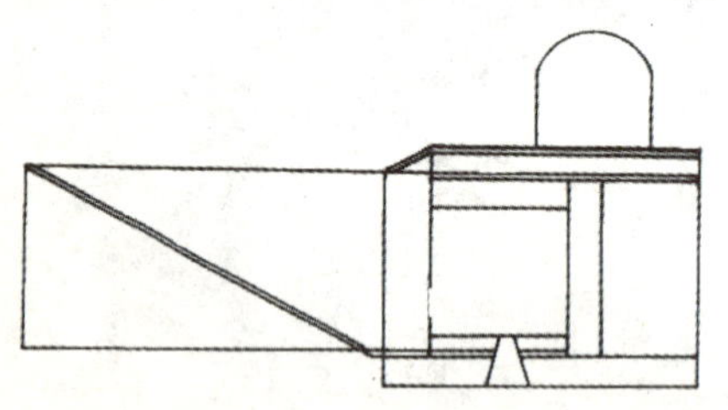

嫔型地宫横剖图

皇十八子，允祄，于康熙四十七年（公元 1708 年）九月初四日卒，年仅 8 岁,葬于景陵妃园寝内。无宝顶等建筑附属物。

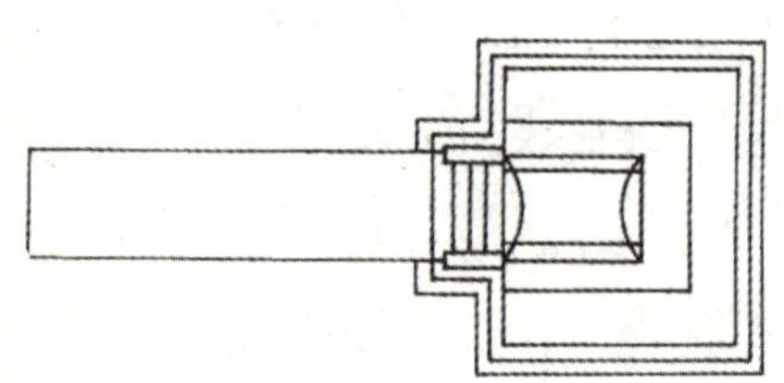

嫔型地宫平面图

纯裕勤妃,陈氏,满洲镶黄旗人。二等侍卫陈希闵女。康熙三十六年（公元 1697 年)生皇十七子果毅亲王允礼。康熙五十七年(公元 1718 年)十二月册为皇考勤嫔。雍正四年(公元 1726 年)二月世宗晋尊为皇考勤妃。乾隆元年(公元 1736 年)十一月高宗晋尊为皇祖纯裕勤太妃。乾隆十八年(公元 1753 年)十二月二十日卒。乾隆十九年(公元 1754 年)四月二十日入葬。

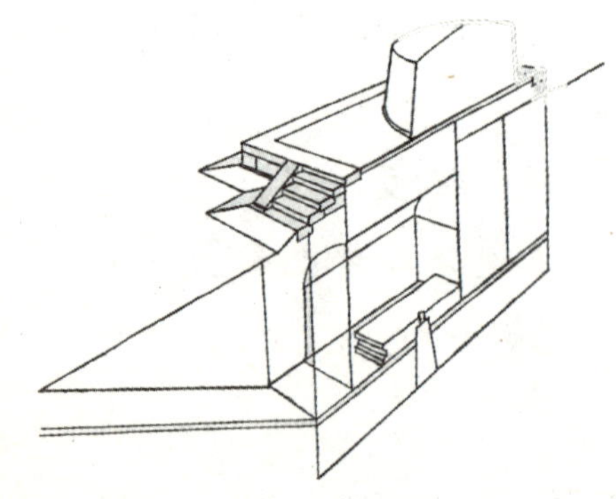

嫔型砖券地宫剖面图

定妃,万琉哈氏,亦做瓦琉哈氏,满洲正黄旗人,郎中拖尔弼女。顺治十八年(公元 1661 年)正月初三日生。康熙二十四年(公元 1685 年)生皇十二子履懿亲王允祹，康熙五十七年（公元 1718 年）十二月册为定嫔。雍正二年（公元 1724 年）六月世宗晋尊为皇考定妃，就养于履亲王府邸。乾隆二十二年（公元 1757 年）四月初七日卒，年 97 岁。十月二十五日入葬。她是清代已知后妃中最高寿的。

惠妃，那拉氏，郎中索尔和女，初为庶妃。康熙九年（公元 1670 年）生皇子长庆，康熙十一年（公元 1672 年）生皇长子贝子允禔，康熙十六年（公元 1677 年）八月册为惠嫔，康熙二十年（公元 1681 年）十二月晋惠妃。雍正十年（公元 1732 年）四月初七日卒。当年九月入葬。

僖嫔赫舍里氏，赉山之女。康熙十六年（公元 1677 年）八月二十二日册为僖嫔，康熙四十一（公元 1702）年九月薨，康熙四十四（公元 1705 年）年二月初九日入葬。

端嫔，董氏，员外郎董达齐之女。康熙十年（公元 1671 年）生皇二女，康熙十六年（公元 1677 年）八月二十二日册为端嫔。卒年不详，康熙五十九年（公元 1720 年）九月初九日入葬。

穆嫔，陈氏，陈岐山之女。康熙五十五年（公元 1716 年）生皇二十四子諴亲王允祕，康熙六十一年（公元 1721 年）十二月被雍正帝晋尊为皇考贵人。死于雍正年间。乾隆元年（公元 1736 年）五月，乾隆帝追封为皇祖穆嫔。

熙嫔，陈氏，陈玉卿之女。康熙五十年（公元 1711 年）生皇二十一子慎郡王允禧，康熙六十一年（公元 1722 年）十二月被雍正皇帝尊为皇考贵人。乾隆元年（公元 1736 年）封为皇祖熙嫔，乾隆二年（公元 1737 年）正月初二薨。

谨嫔，色赫图氏，员外郎多尔济之女，康熙五十年（公元 1711 年）十二月初三日生皇二十二子允祜。康熙六十一年（公元 1722 年）十二月被雍正帝晋尊为皇考贵人。乾隆元年（公元 1736 年）十二月被乾隆帝晋尊为皇祖谨嫔，乾隆四年（公元 1739 年）三月十六日薨。谨嫔所生的皇子允祜，雍正八年（公

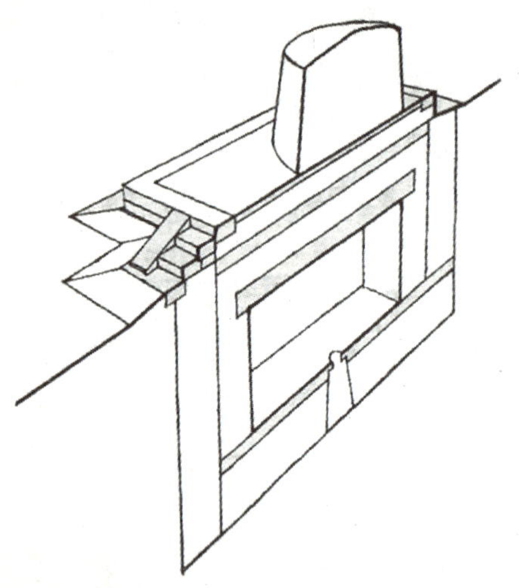
常在型地宫砖池横剖示意图

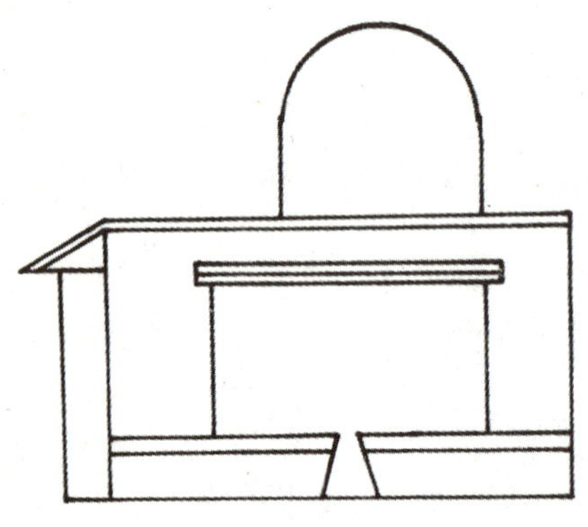
常在型地宫砖池横剖图（王其亨绘）

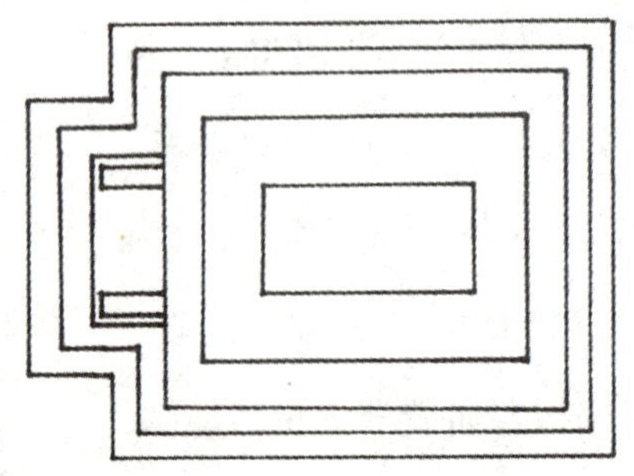
常在型地宫砖池平面图（王其亨绘）

元1730年）封贝子，雍正十二年（公元1734年）晋贝勒；乾隆八年（公元1743年）十二月二十九日卒，年33岁。谥曰“恭勤”。

通嫔，纳喇氏，监生常素保之女，初封贵人。康熙十四年(公元1675年)十月初八日生皇子万黼，康熙十八年（公元1679年）二月三十日生皇子允禶，均早殇；康熙二十四年（公元85年）生皇十女固伦纯悫公主。雍正二年(公元1737年)六月晋尊为皇考通嫔。乾隆九年（公元1744年)六月二十三日薨。

襄嫔，高氏，高廷秀之女。康熙四十一年（公元1702年）九月初五日生皇十九子允禝，康熙四十二年（公元1703年）生皇十九女，康熙四十五年（公元1706年)七月二十五日生皇二十子允祎。康熙六十一年（公元1722年）十二月雍正帝即位，尊为皇考贵人。乾隆元年（公元1736年)十二月晋尊为皇祖襄嫔，乾隆十一年(公元1746年)六月二十八日薨。襄嫔所生皇十九子早殇，皇二十子允祎于雍正四年(公元1726年)封贝子，雍正八年(公元1730年)二月晋贝勒，雍正十二年(公元1734年)降辅国公,雍正十三年(公元1735年)仍晋贝勒,乾隆二十年(公元1755年)正月初九日薨,年50岁,谥曰“简靖”。

静嫔,石氏,石怀玉之女。康熙五十二年(公元1713年)十一月二十八日生皇二十三子允祁,康熙六十一年(公元1722年)十二月被雍正帝尊为皇考贵人。乾隆元年(公元1736年)十二月被乾隆帝晋尊为皇祖静嫔,乾隆二十三年(公元1758年)六月初六日薨。其子允祁,号东山,雍正八年(公元1726年)封镇国公,雍正十三年(公元1735年)晋贝勒,后因事降为贝子。乾隆四十二年(公元1777年)又因事降为镇国公,乾隆四十五年(公元1780年)复晋贝子,乾隆四十七年(公元1782年)再晋贝勒,乾隆四十九年(公元1784年)十一月加郡王衔,乾隆五十年(公元1785年)七月二十七日薨,年72岁。

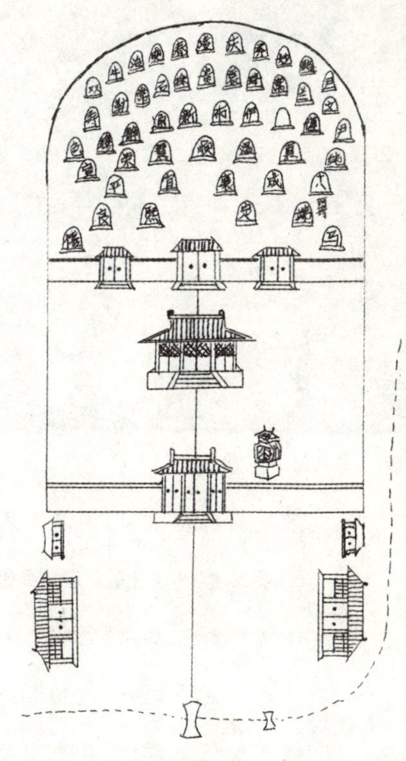

《陵寝易知》中的景妃园寝平面示意图

贵人10位:马贵人、尹贵人、勒贵人、新贵人、文贵人、蓝贵人、伊贵人、布贵人、常贵人、袁贵人。

常在9位:尹常在、色常在、路常在、寿常在、常常在、瑞常在、贵常在、徐常在、石常在。

答应9位:灵答应、春答应、晓答应、庆答应、秀答应、治答应、妙答应、牛答应、双答应。

景陵妃园寝空券宝顶

这么多女人的墓地祭祀，古人是如何记忆的呢？原来在清朝时，为祭祀时不出现差错，守护陵寝的官员编了一首歌谣，以助熟记：

景妃园寝主位多，
四十九位式如何？
陵寝门内左右审，左马贵人右僖嫔。
二层端嫔定妃位，西边熙嫔良妃对。
十八阿哥三层东，紧挨成妃襄嫔宫。
西边宜妃平妃是，宝顶相连如雁翅。
四层妃位更尊严，纯惠温顺慧荣宣。
五层尹贵合谨嫔，相接空券十分准。
伊布相隔新贵脉，通静穆嫔色常在。
六层文蓝二贵人，常瑞袁贵常在真。
徐贵石常常勒贵，寿常在券下相随。
七层尹路常在共，妙秀庆灵号答应。
西边春晓治牛双，五位答应紧靠墙。
若能熟习此位歌，园寝奉祀不难说。

这首歌谣里提到了两个不解之谜：空券之谜和皇子葬入妃园寝之谜。

这座园寝第五排东第三位是1个空券，没有葬人，按照规制，园寝内的券座是根据皇帝的妃嫔人数陆续营建的，而皇帝的妃嫔人数是确切的，园寝

景陵妃园寝十八阿哥墓上无封土

内的券座既不能多建，也不能少建，哪座券座内葬谁都要经过皇帝批准，因此这个空券绝不可能是盲目多建的。

与此相关联的还有敬敏皇贵妃的葬期之谜，《清实录》、《大清会典》等官书记载敬敏皇贵妃是雍正元年九月初一日葬入景陵的。而由驻守东陵的陵寝官员编写的，为他们实际当差直接服务的《陵寝易知》一书却记载敬敏皇贵妃是于康熙三十八年（公元 1699 年）十月入葬的。一个人竟有两个入葬日期，而且又相隔 24 年，令人费解。敬敏皇贵妃于康熙三十八年（公元 1699 年）七月二十五日病亡，当时还是一位普通的妃子；她死时，康熙皇帝绝不会预知敏妃会在 24 年之后祔葬景陵而将她停灵不葬。按正常做法，妃嫔死后数月或一、二年就要入葬，绝不会停灵 24 年之久。死在敏妃之前的温僖贵妃、死在敏妃之后的平妃，都是病亡当年入葬景陵妃园寝内的。康熙年间病亡的慧妃、良妃二人也葬入了这座妃园寝，敏妃死后应该葬在这座园寝内。其原葬位置可能就是这座空券。雍正元年（公元 1723 年）九月初一日敏妃祔葬景陵，按情理分析，应该是在追封敏妃为皇贵妃后，把她从妃园寝中迁出，入葬景陵地宫，因此券内已葬过人，不便再葬他人，所以才出现了空券。而《清实录》、《大清会典》记载的敏妃雍正元年葬期，是祔葬景陵的日期，《陵寝易知》记载的敏妃康熙三十八年（公元 1699 年）葬期，是她入葬妃园寝的日期。

妃园寝，顾名思义就是埋葬皇帝女人的墓地，然而在景陵妃园寝里，却还埋葬有康熙帝年仅8岁的十八皇子允祄。康熙皇帝有15个早殇皇子，为什么单单把十八皇子允祄葬在这座妃园寝呢？是因为当时国家给允祄建不起园寝吗？这当然是不可能的。是因为允祄未成年，不值得单建园寝吗？也不是。如果是这个原因，为什么另外13个早殇的皇子不葬在这座妃园寝内？那么是因为允祄的生母顺懿密妃葬在了这座妃园寝内，子随母葬，允祄才葬在这座园寝内的吗？在这座妃园寝内有许多早殇皇子的生母，为什么单单允祄随母而葬？这条理由也站不住脚。是因为允祄特别受钟爱，康熙皇帝才把他葬在景陵附近，以使娇儿常依膝下吗？在15位早死的皇子中，最受钟爱的莫过于承祜了。承祜是孝诚皇后所生，属于嫡出，而且聪明贵重，气宇不凡，被皇帝视为掌上明珠。承祜死时，康熙皇帝悲痛万分，多日闷闷不乐，躲在寝宫里不出来。为什么康熙皇帝不把承祜葬在妃园寝内呢？显然这条理由也不成立。是因为允祄属于庶出，不受钟爱，降格才葬在妃园寝吗？更不是，因为在14个早亡皇子中除承祜外，都是庶出，而且有的是嫔、贵人所生，他们为什么不葬在妃园寝呢？这条理由也不对。在这里值得人们注意的还有一点，那就是未受封的皇子地宫等级很可能就是嫔级别，实际情况如何，还有待进一步考证。

景陵皇贵妃园寝前景

景双妃陵双明楼

景陵妃园寝作为景陵的附

属园寝，坐落在风水墙内景陵的旁边，里面的人物葬位都是严格按照身份等级排列的，其墓制规格也是按照严格的标准建造的，人物等级的标准都是关乎着陵寝风水的。究竟为什么这位皇子能葬入妃子陵墓里面，并且不封不树，没有宝顶、月台等附属建筑，这至今还是一个之谜。

两个神秘女人的墓地

清朝皇帝的女人，除了皇后可以单独建造陵寝之外，其他的大多数是以集体的形式安葬的，每一座妃园寝建在皇帝陵旁边，而每一座妃园寝就是一朝皇帝众多后宫有名号女人的公墓。然而康熙皇帝则有两座妃园寝，那就是除了景陵妃园寝之外，位于景陵妃园寝东南约1里的地方，还有一座景陵皇贵妃园寝。园寝内葬康熙皇帝的两个皇贵妃，因为该园寝内只葬有两个妃子，两座方城明楼，尽管两妃之死相距25年，但两座明楼却建造的一模一样，像一对绿衣婆娑的孪生姐妹，双双耸立于明媚的青山绿树间，因此，当地人又称之为双妃陵，而且这座妃园寝是清代规制最高的妃园寝。

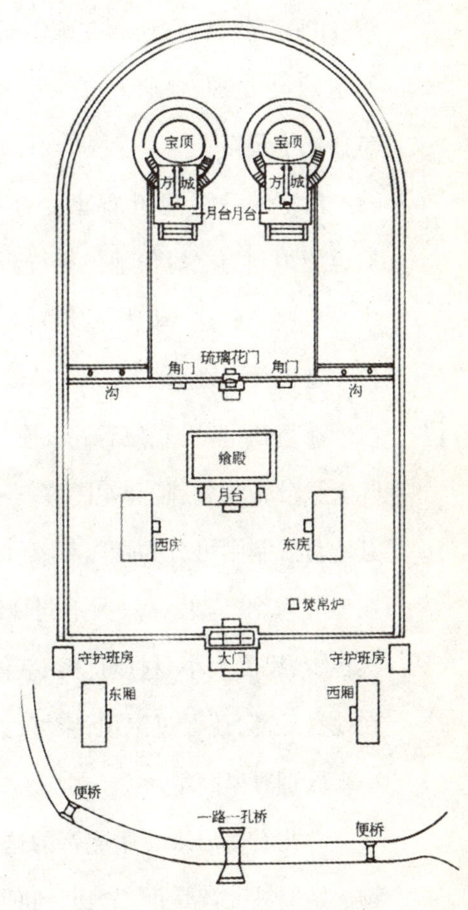

景陵皇贵妃园寝平面图

这两个女人是谁？为什么能享受如此特殊的待遇？

在东陵当地流传着这样的两个小故事。

第一个故事是说,这两个妃子是一对孪生姐妹,容貌相同,天姿国色,艳丽动人。不仅精通翰墨,而且武艺高强,多次陪康熙皇帝御驾亲征,行围打猎。这一对文武全才的美妙佳人,皇帝格外宠爱。无奈好景不长,红颜薄命,姐妹二人双双病逝,康熙皇帝痛断肝肠,为表示哀恋之情,特地为她俩单独修建了园寝。

第二个故事则这样说,这两个妃子是康熙皇帝的亲姐姐,天生的花容月貌,冰肌玉肤,后宫佳丽在她俩面前黯然失色。康熙皇帝深深地爱上了两个姐姐,不顾伦理,强纳为妃。两个姐姐死后,皇帝为尽夫妻之情,姐弟之义,才单独建了园寝。

清宫的后妃,在生前享受着不同等级封号的生活待遇和政治地位,在死后也能得到与之身份地位相符合的丧葬仪礼和墓穴规格,所以,在清代陵寝中,只要一看这个妃嫔的地宫规制,基本上就可以知道这个妃嫔生前的地位。这也是识别墓主人的一种最简单有效的方法。

在清朝,皇贵妃死后并没有单独建园寝的先例。在清代陵寝类型中,实际上只分帝陵、后陵和妃园寝三种,而景陵皇贵妃园寝则属于一个特例。而其地宫规制则可分为帝陵型、后陵型、皇贵妃型、妃型、嫔(贵人、答应)型、常在型等六个类型,这六种不同规制的地宫,主要以地宫券座的形式,以及层次多少、尺度大小、材质优劣、装修繁简等方面的不同而表现出等级的差异,在地宫外部,还通过宝顶、宝城、方城明楼等地面建筑的建置、形式和规模大小来区别尊卑高下。

由此看得出来,康熙帝的这两个皇贵妃非同凡响,是两个重量级的人物。她们俩究竟是谁?她们到底为什么能受到如此的待遇?

档案一:悫惠皇贵妃,佟佳氏,原为汉军旗,后来抬入满洲镶黄旗,是领侍卫内大臣佟国维之女。孝懿皇后是她的姐姐。康熙七年(公元 1668 年)八月生。康熙三十九年(公元 1700 年)册封为贵妃,雍正二年(公元 1718 年)世宗晋封为皇贵妃,乾隆八年(公元 1743 年)死。

档案二:惇怡皇贵妃,瓜尔佳氏,三品协领祜满之女,康熙二十二年(公元 1683 年)十月十六日生。康熙三十九年(公元 1700 年)册封为和嫔,康熙五十七年(公元 1719 年)晋封为和妃。雍正二年(公元 1718 年)晋封为贵妃。乾隆八年晋为皇贵太妃。乾隆三十三年(公元 1768 年)死。

这两个皇贵妃有名有姓,身份也清楚,因此说这两个皇贵妃既不是亲姐妹,也不是传说中康熙帝的两个姐姐。那么,她们为什么死后能得到如此高规格的待遇呢?

在一道乾隆皇帝的谕旨里面,人们可以找到答案。这道谕旨是乾隆二年(公元 1737 年)五月二十日发出的,谕旨中说:“朕自幼龄仰蒙皇祖慈爱,抚育宫中。又命太妃皇贵妃、太妃贵妃提携看视。两太妃仰体皇祖圣心,恩勤备极周至,朕心感念不忘,意欲为两太妃千秋之后另建园寝。令王大臣稽查旧例,王大臣奏称古有另建园寝之制,今若举行,于典礼允协。朕奏闻皇太后,钦奉懿旨允行,可

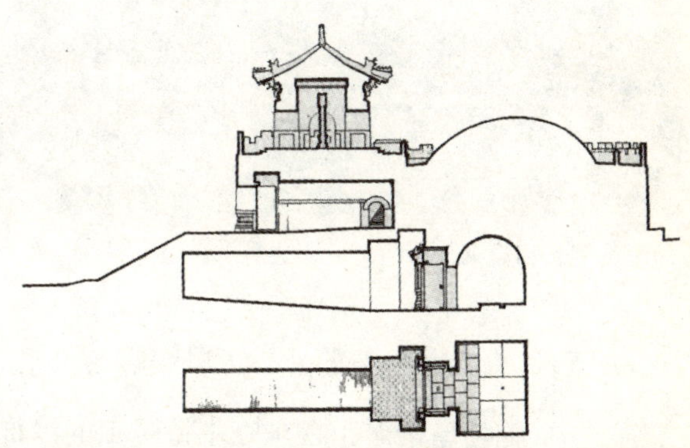

裕陵妃园寝纯惠皇贵妃地宫构造剖面图(王其亨绘)

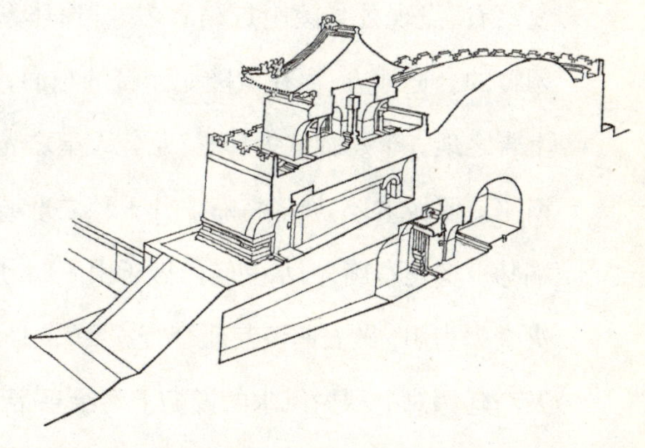

纯惠皇贵妃地宫透视图(王其亨绘)

景双妃园寝外景

景陵皇贵妃园寝的全景

传谕该部，于景陵稍后附近处敬谨相度，择地营造。其规制稍加展拓，以昭朕敬礼之意。”原来幼年的弘历深得皇爷爷康熙帝的喜爱，将弘历接入宫中，命这两个妃子抚养，将弘历照顾得无微不至。当上了皇帝的弘历为了报答康熙帝这两位妃子的抚育之恩，才特意为她俩单建了园寝，锦衣玉食无法替代人类固有的天性，女人慈母般的爱心可以缓解人思亲之情。

乾隆皇帝派正在东陵主持陵工的淳郡王弘璟、工部右侍郎柏修带领精通风水的钦天监监副李廷耀到景陵附近相度妃园寝福地。他们经过实地反复察看，发现凡景陵附近稍后之处“通体系属禁垣，龙蟠虎踞之间”，没有建园寝的合适地方，而在景陵妃园寝的东面，姚家坡以西的七棵树地方是一块上吉之地。李廷耀认为那里“龙分天皇之秀，穴应中数之尊。台星北峙，天马南骧。罗城重环，坤峰特峙。开千秋之寿域，结并美之佳城。天献真龙，人符瑞脉。亥龙右旋，丙水左转。做子山午向，庚子庚午分金。金羊癸甲为体，丙火衰去为用。敬安两位甚属合宜。”淳郡王弘璟、工部右侍郎柏修把选址情况及李廷耀对七棵树风水的说帖上奏给皇帝。乾隆帝看了奏折后，同意在七棵树这个地方建园寝。淳郡王等人开始设计园寝规制。乾隆帝在谕旨中已说过

“规制稍加展拓”，但具体怎样展拓没有说。

景陵皇贵妃园寝丹陛石

乾隆二年（公元1737年）七月下旬，乾隆皇帝在看了淳郡王上奏的关于园寝规制的奏折以后，谕总理事务王大臣：“淳郡王等所奏太妃园寝规制，朕已览悉，著照所奏行。向来妃园寝之例，俱用月台。今修建太妃园寝著仿照方城式样，上建碑楼，其规模酌量简小，用绿色琉璃瓦料。”这座园寝的规制是这样的：

最前面是一条马槽沟，正中设一孔拱桥1座，东旁有1座两孔平桥，西旁有一座三孔平桥。拱桥北，东西厢房各5间，东西值班房各3间，宫门3间。前院东侧燎炉1座，东西配殿各5间，享殿1座，面阔5间。大殿后面有园寝门3座。后院有两座规制相同的方城，东西并排而建，方城上各建明楼1座，单檐歇山顶。明楼内竖碑1通，碑文用满汉两种文字镌刻，汉字在左，满文在右，碑额题“大清”二字，也用两种文字镌刻。东碑上的文字是“悫惠皇贵妃园寝”，西碑上文字为“惇怡皇贵妃园寝”。从宫门两侧伸出的围墙把燎炉、配殿、享殿、园寝门、两座方城、明楼围拢起来，形成前后两进院落，呈“前朝后寝”格局。园寝建筑中，除厢房和值班房用布瓦外，其他建筑及墙帽儿均用绿色琉璃瓦盖顶。园寝两侧是用人工培堆的砂山，园寝北面是自然土山，栽植仪行树1800株。园寝的兴建时间大约在乾隆四年(公元1739年)，完工于乾隆七年(公元1742年)。

这座皇贵妃园寝建成后与其他妃园寝相比，主要有以下特点：

其一，标准妃园寝，宝顶建在长方形的砖石月台上，不建方城、明楼，而这座妃园寝却建了两座方城、明楼，这在清代妃园寝中是独一无二的。

其二，标准妃园寝不建东西配殿，而这座妃园寝建了东西配殿，都是面阔5间，比昌西陵、慕陵、慕东陵的3间配殿规模还大。

其三，大殿月台前设丹陛石一块，上面雕刻“丹凤朝阳”的图案，一只展翅欲飞的凤凰傲立于山石之上，上有彩云缭绕，下有海水江崖，刻工精细，栩栩如生，称得上是一件佳作。清代妃园寝设丹陛石，仅此一例。

其四，帝、后陵的朝房均有前廊，妃园寝厢房无前廊。而这座妃园寝的厢房则设有前廊，超越了标准规制的妃园寝。因此说这座妃园寝是清代等级最高的妃园寝。

为什么乾隆帝要由这两个妃子抚养呢？

据传清宫规定：皇帝的儿子出生后，不是由亲母抚养，而是由其他的皇妃抚养，这样不仅能增加孩子与其他母妃的感情，还能促进妃嫔间关系的融洽，可谓一举两得。但是有人会问了，乾隆帝是胤禛的儿子，而弘历只是康熙帝众多皇孙中的一个，为什么弘历就能到皇宫中接受最高规格的生活待遇呢？这点很重要，有人说这就是康熙帝的良苦用心，康熙帝通过这种方式暗示人们，他的皇位继承人将是皇四子胤禛，康熙帝特别喜欢胤禛的儿子弘历，康熙帝想把皇位最终传给这个皇孙，而皇位的继承必须是父传子，只有把皇位先传给胤禛，才能最终把自己的皇位传给他最喜爱的皇孙弘历。乾隆帝是清

年轻时的孝庄文皇后像

朝前期少有的没有留下疑问而登上皇帝宝座的人，而他的皇父因为当皇帝这件事情闹得天下众议纷纷，所以有人推测，乾隆帝是为了暗示他皇父胤禛是合法的皇位继承人，这才大兴土木为康熙帝的两个妃子建陵寝。乾隆帝用这种方式告诉人们：他的皇位是爷爷康熙帝给的，他的皇父胤禛当皇帝是康熙帝早就在心里定下来的。

皇太极像

来自科尔沁草原的女人

康熙帝的功成名就，虽然说是他本人努力的结果，但是不能忽视在他身边有一位清初著名的女政治家——孝庄文皇后。孝庄文皇后不仅把他扶上了皇帝的宝座，还在他的亲政和很多事情上做出了卓越贡献。孝庄文皇后是“孝庄仁宣诚宪恭懿至德纯徽翊天启圣文皇后”谥号的简称。“文”则是太宗皇太极的庙谥。在清代，皇后的谥号加上皇帝的庙谥，叫系谥。因为皇太极的谥号“应天兴国弘德彰武宽温仁圣睿孝敬敏昭定隆道显功文皇帝”，简称“文皇帝”。这样就可以知道“孝庄文皇后”是皇太

洪承畴画像

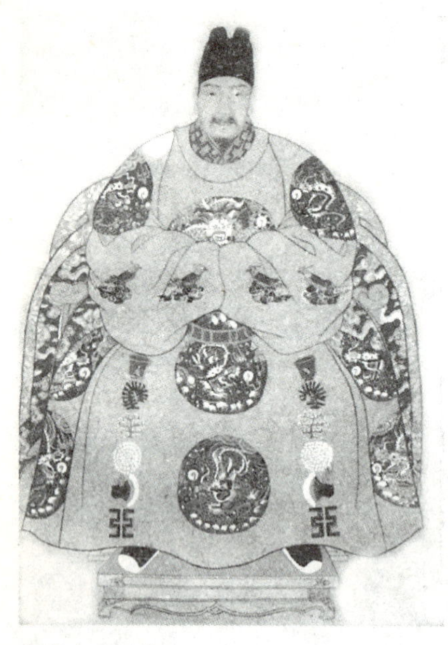
崇祯皇帝画像

极的皇后。

孝庄文皇后是康熙帝的祖母，满族人管祖母叫玛玛，即汉族人的奶奶。孝庄文皇后，蒙古族，姓博尔济吉特，名本布泰（也可翻译为布木布泰）。她是蒙古科尔沁大草原贝勒寨桑的第二个女儿，生于明万历四十一年（公元1613）二月初八日。孝庄13岁的时候，她的祖父莽古思为了加强与后金的政治联盟，维护自己部落的利益，决定将自己的孙女本布泰嫁给皇太极。

天命十年（公元1625）二月初二日，13岁的本布泰带着她的贴身侍女苏麻喇姑，在兄长吴克善的护送下，在后金的新都辽阳与34岁的皇太极完婚，正式成为皇太极的一名侧福晋。崇德元年（公元1636），皇太极称帝，建立后妃制度，并建五宫，分别是：清宁宫、关睢宫、麟趾宫、衍庆宫、永福宫。其中，大福晋哲哲为清宁宫中宫皇后；海兰珠位列第二，为关睢宫宸妃；第三位麟趾宫贵妃娜木钟，为蒙古阿霸垓郡王额齐格诺颜之女；第四位衍庆宫淑妃巴特马·璪，原是蒙古察哈尔林丹汗的窦土门福金；本布泰名列第五，被封为永福宫庄妃。由此看出，孝庄文皇后在五宫中的地位并不高，然而她利用自己的聪明才智，最终站在了大清国的政治舞台，大清国在她的参政下，开始强大并成熟了起来。

崇德七年（公元1642）三月，清军俘获明朝蓟辽总督洪承畴，皇太极大喜。洪承畴是明朝很有影响的封疆大员，收服他对于笼络汉族知识分子之心、瓦解明朝统治具有非常的意义。皇太极下令把洪押到盛京，派汉臣范文程等轮番劝说，洪承畴“延颈承刀，始终不屈”。为此皇太极颇费思量，食不甘味。据说孝庄看到这种状况，毛遂自荐，亲自去劝说。她扮作一个侍女，身上藏了一壶人参汁，来到洪承畴的居处，温颜婉语，“以壶承其唇”，一口一口给他灌下人参汁，动之以情，喻之以理，经过数天的努力，终于说服洪承畴投到清军辕下。

努尔哈赤半身朝服像

此后，由于孝庄经常留意参与清廷的政治活动，她的政治素质和才能得到了磨炼，很快脱颖而出。当重大政治事变突然发生的时候，这种才能就发挥了巨大作用。

多尔衮像

崇德八年(公元1643年)夏，清军松锦大战告捷，国势大张，气象日新。皇太极踌躇满志，正计划下一步战略，然而天不假年，八月九日他暴死于清宁宫。皇帝暴卒，向来容易引起政治动乱。由于皇太极对皇位的继承问题没有留下遗嘱，在繁琐的丧仪背后，一场激烈的权力角逐正悄悄展开。

努尔哈赤生前曾规定，他的继承人必须由满洲贵族公议，从八大议政贝勒中推选，八大贝勒“同心谋国”，其中以军

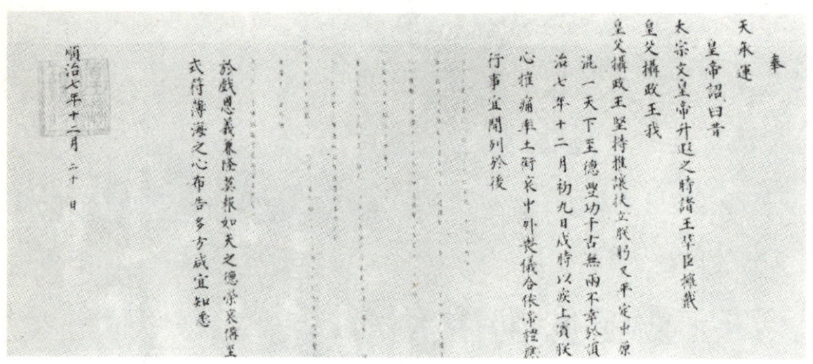

奉
天承運
皇帝詔曰昔
太宗文皇帝升遐之時諸王羣臣擁戴
皇父攝政王我
皇父攝政王堅持推讓扶立朕躬又平定中原
混一天下至德豐功千古無兩不幸於順
治七年十二月初九日戌時以疾上賓朕
心摧痛率土銜哀中外喪儀合依帝禮應
行事宜開列於後
於戲恩義兼隆莫報如天之德崇終備至
式符薄海之心布告多方咸宜知悉
順治七年十二月 二十 日

多尔衮死后，顺治帝颁布的皇父摄政王以疾上宾的哀诏

多尔衮府旧址

功昭著的儿子代善、莽古尔泰、皇太极及侄子阿敏轮月执政，朝贺时兄弟四人并排南面坐——这是一种原始军事民主制的残余。皇太极继承汗位后，打破了这个框框，皇帝南面独坐，独操大权。

经过或明或暗的较量，孝庄再次显露出她的政治才能。她在幕后中的活动最终取得了胜利，她的年仅 6 岁的儿子胜出。当然了，由于她这时候的出现，也在清代历史中留下了第一个谜团———“太后下嫁”。不管怎么说，她的儿子最终当上了皇帝，这就是最大的胜利。然而在男人为中心的政治舞台上，一个 31 岁的寡妇带一个 6 岁的儿皇帝执政，其艰难程度是令人难以想象的。她认为，在朝臣中必须有属于自己的政治力量，而摄政王多尔衮是她最值得依靠的力量。孝庄皇后深知同摄政王多尔衮搞好关系的重要性，出于母子命运，出于大清江山的考虑，无论在政治中还是在生活中，孝庄文皇后处处对多尔衮容忍和退让，这就是政治的需要。

顺治七年（公元1650年）十二月，多尔衮出猎，死于喀喇城，被追尊为“诚敬义皇帝”，用皇帝丧仪。福临亲政，未到两月，即宣布多尔衮“谋篡大位”等种种罪状，削爵毁墓并撤去太庙牌位，籍没家产，多尔衮的党羽也受到清洗。在“倒多”过程中，济尔哈朗取而代之，成为一个新的权力集中点。孝庄敏锐地发现了这一苗头，防微杜渐，让福临发布上谕，宣布一切章奏悉进皇帝亲览，不必启和硕郑亲王（济尔哈朗），消除了可能产生的隐患。年少的顺治皇帝在孝庄文皇后的安排下理政、读书，如饥似渴地吸收汉文化，在大胆使用汉官、整顿吏治等方面，开创了清初政治的新局面。

鳌拜像

政治权力的斗争刚刚结束不久，家庭矛盾凸现。孝庄文皇后在顺治帝婚姻中的干预，在令顺治帝不满的同时，也使顺治帝的生命走到了尽头。顺治帝废掉

统治中国48年之久的慈禧太后

孝庄指配的皇后后，发现了属于自己的真正爱情，深深爱上了一个姓董鄂的女人，因为情伤，在天花疾病的袭击下，年仅24岁的顺治帝驾崩了。在顺治帝死前，孝庄以她超人的锐利眼光，选择年仅8岁的玄烨继承皇位。这就使清王朝走向了康乾盛世。大清国在经过这一系列的政权转换之后，不但没有衰落下去，反倒强大繁荣起来。这一切都与清初的女政治家孝庄文皇后有重要的关系。

玄烨8岁即位，10岁时生母佟佳氏亡故，照看他的是祖母孝庄太皇太后，所以祖孙二人感情十分融洽。孝庄不但关心他的起居，而且对他的言语举动，都立下规矩，严格要求，稍有逾越，则严厉批评，不稍宽纵姑息。在她的教导下，玄烨健康成长，一个杰出帝王的素质和才具，在少年时代打下了深厚的根基。康熙帝在祖母孝庄的大力支持下，很快铲除了鳌拜集团。鳌拜集团铲除后，孝庄放手让玄烨理政，让他在实践中得到锻炼，并一再提醒他要谨慎用人、安勿忘危、勤修武备等。对于祖母，玄烨非常尊重，重大事情无不征求意见，然后施行。在他们的携手努力下，清王朝从动乱走向稳定，经济从萧条走向繁荣，为平定三藩、收复台湾和边疆用兵等大规模战争奠定了政治基础和经济基础。

孝庄文皇后的昭西陵

然而，当了18年皇太后、26年太皇太后的孝庄文皇后，生活俭朴，不事奢华，平定三藩时，把宫廷节省下的银两捐出犒赏出征士兵。每逢荒年歉岁，她总是把宫中积蓄拿出来赈济百姓，全力配合、支持孙子的事业。她的表率行为，更使皇帝对她增加十二分敬意。康熙二十一年（公元1682）春，皇帝出巡盛京，沿途每隔几天派人驰书问候起居，报告自己行踪，并且把自己在河里捕抓的鲢鱼、鲫鱼脂封，派人送京，给老祖母尝鲜。康熙二十二年（公元1683）秋，康熙帝陪祖母巡幸五台山，一到上坡地方，康熙帝每每下马，亲自为祖母扶辇保护。孝庄与皇帝这种亲密和谐的关系，反映了她的为人，与200年后同样经历三朝、对中国政治产生重大影响的慈禧太后相比，是截然不同的。

孝庄文皇后谥宝

但令人想不到的是，当康熙二十六年（公元1687年）十二月二十五日子刻孝庄文皇后闭上了眼睛后，康熙帝竟然没有按照清朝制度将孝庄安葬到昭陵，而是将其停灵在河北遵化境内清东陵封水墙外时间长达35年之久，直到雍正三年（公元1725年）才匆匆动

昭西陵鸟瞰

孝惠章皇后朝服像

工营建陵寝，而陵工仓促，不到一年就草草修就，这一切在现在看来，真的很令人费解。这一切究竟是怎么回事呢？

对此，民间有两个传说。

传说一：在孝庄文皇后生前，由于与小叔子多尔衮的关系暧昧，甚至有“太后下嫁多尔衮”的传闻，因此没有脸面见自己的男人，故孝庄在临终前，情愿将自己葬在东陵大红门外，为自己的子孙看守皇陵大门，以示忏悔。

传说二：孝庄死后，按照清朝祖制，皇后应该与皇帝合葬，康熙帝决定将祖母孝庄棺椁运回盛京（今沈阳），葬入皇太极的昭陵。经过仔细精心的挑选，选出了128名体力健壮的杠夫，这些人的技术水平是超一流的水准，一满碗水放在杠上行走，无论路途多么遥远和艰难，都能做到一点水不外流。就这样，浩浩荡荡的送葬队伍顺利地出了北京，但当经过东陵境内的大红门外时，棺椁突然

孝东陵鸟瞰

变得异常沉重起来，把这些平时行走如飞的杠夫压得眼冒金星，腿说什么也抬不起来了。这些人不得不把棺椁放在地上休息。本以为休息一会就可以继续赶路,没成想,放下容易抬起难，棺椁就像生长在地上一样牢固，尽管杠夫使出了吃奶的力气,棺椁就是纹丝不动。送葬的朝廷大员急得团团乱转,叫苦不迭,万般无奈，就将情况飞马上报给康熙皇帝。康熙帝闻报,大惊失色,忙召集大臣商量，而众大臣对此也面面相觑,束手无策。康熙帝退朝回到乾清宫，苦思冥想也想不出来子丑寅卯,慢慢地睡去。在朦胧恍惚中,他听得空中仙乐响起,但见五彩祥云飘飘而来,一个很熟悉的身影降落在他面前。他定神仔细观看,原来是祖母太皇太后,急忙下拜迎接。孝庄对他说:“此次前来,是为吾身后之事。吾不忍远离汝父子,决计不与太宗合葬,只在现今棺椁停放之处安葬即可。切记吾言,休得违误。”言罢,祥云冉冉升起离去。康熙帝欲拉住孝庄衣袖,身子扑空,猛然醒起,方知是南柯一梦。醒后仔细回忆,才知这是太皇太后给自己托梦,于是,康熙帝遵照孝庄梦中叮嘱,决定在停灵之处营建陵寝。这次再移动棺椁,也不那么沉重了,这时候,康熙君臣才明白棺椁沉重的原因。

这纯粹是一个神话故事,只当作一个传说而已。但就史料记载,康熙帝把孝庄停灵在大红门外久而不葬,还是有着其深刻政治含义和感情因素的。

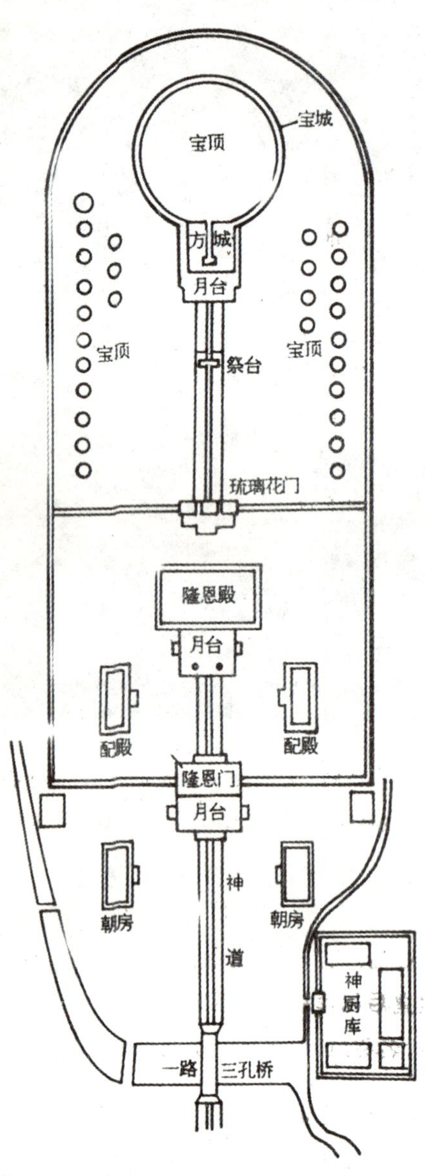

孝东陵平面图

据载，孝庄之所以没有与皇太极合葬，是因为她病危时，曾对康熙皇帝说："太宗文皇帝梓宫安奉已久，不可为我轻动，况我心恋汝皇父及汝，不忍远去，务于孝陵近地择吉安厝，则我心无憾矣！"

康熙帝与祖母感情极深，他把自己的长大成人，事业有成，完全归功于祖母的培养教育。在孝庄皇后病重期，他衣不解带，目不交睫，昼夜陪侍在旁一个多月。他从皇宫步行到天坛，亲撰祝文，请求皇天上帝减少自己的年岁以延长祖母的寿数。孝庄皇后死后，康熙帝悲痛欲绝，身体消瘦，几乎病倒。他为了让祖母在九泉之下生活得舒适遂心，把祖母生前居住的寝宫拆运到遵化的孝陵附近重建。在康熙二十七年一年的时间，他先后 4 次去遵化拜谒祖母灵柩。康熙帝对孝庄皇后之孝、之敬、之亲，达到了无以复加的程度。但他为什么在长达 35 年的时间不为孝庄皇后建陵呢？

在封建社会统治阶级中，男性是正角。清东陵作为清朝的"万年龙虎抱，日夜鬼神朝"的万年吉地，选中它的是顺治帝而不是皇太极，并且皇太极也未葬于清东陵。而在清东陵这个新的祖陵体系中，孝庄文皇后的儿子顺治帝是清东陵的主要角色。作为皇太极的皇后，孝庄文皇后葬入其中是不合适的。按照以往先皇的做法，应将祖母葬入祖父陵的地宫中。但因祖母有遗嘱，所以将祖母的灵柩暂时安放在东陵风水墙外的暂安奉殿内。因东陵西侧是东陵的风水河——西大河，而东侧不仅无河且又平坦，还是古代墓葬制度中的尊贵之位，所以将祖母陵寝位置选在那里是最合适的。只是不将那里正式取陵名和建地宫，而故意留给能悟出自己苦心的子孙为之建陵取陵名。子孙根据灵柩既已安放的事实建陵，打破祖制也就在情理之中了。事实上，后来的雍正皇帝也体会出了父皇康熙帝的良苦用心。这种做法的高明之处是：康熙帝即遵照了孝庄文皇后的遗嘱，又没打破顺治以前的祖制。雍正帝将孝庄文皇后安葬是康熙帝的意思，雍正帝为孝庄文皇后在东陵单独建陵打破的则是康熙帝已打破的祖制。这个祖制打破的好处在于，既解决了后代要想单独建皇后陵遇到的

昭西陵旧影

昭西陵大殿遗址及明楼

孝东陵旧影

昭陵隆恩殿

难题，又圆满了关内关外是清王朝一家天下的说法。对此，雍正帝是这样解释的："自从孝庄文皇后暂安以来，国家日益强盛，康熙帝在位历数绵长，子孙兴旺。此处实为一处上吉佳壤，风水宝地。"于是，将暂安奉殿改建成后陵，定名"昭西陵"。

康熙帝不给孝庄文皇后建陵是出于忠孝两全的考虑。陵寝专家徐广源先生经过多年研究，撰文写道：

康熙帝二十六年十二月二十五日(公元 1688 年 1 月 27 日)，清初杰出的女政治家、一代名后孝庄皇后本布泰在紫禁城慈宁宫与世长辞，终年 75 岁。

按清朝祖制，孝庄皇后应该奉安沈阳的昭陵，与太宗皇太极合葬。顺治帝的孝陵和康熙帝的景陵都已经建在了关内遵化的昌瑞山下。孝庄皇后怎么舍得远离自己几十年含辛茹苦培养起来的儿子、孙子而葬到东北呢？所以，孝庄皇后在弥留之际，留下了一道遗嘱，叮咛康熙帝说："太宗文皇帝梓宫安奉已久，不可为我轻动。况我心恋汝父子，不忍远去，务于孝陵近地安厝，则我心无憾矣。”康熙帝大孝，不忍违背祖母遗命，但又不肯贸然废弃祖制，决定在孝陵附近先建一座殡宫，称暂安奉殿，先将祖母停灵其中，然后再求良策。康熙帝所派的大臣在孝陵附近经过精心挑选，认为大红门外东侧的高平之地是一块风水佳壤，上奏皇帝。康熙帝每次谒陵都路过那里，对那里很熟悉，因此未亲临阅视就予以准奏。康熙帝对暂安奉殿的营建非常重视，亲自组织工程设计人员，设计规制，绘画图纸。前几年，康熙帝曾为祖母新建了一座五间寝宫，备受祖母称赞。为了让祖母在九泉之下生活得舒适，康熙帝命将这座寝宫拆运到暂安奉殿重建。由于在严冬施工，他一再叮嘱负责营建暂安奉殿的官员“务期基址坚固”，构件“毋致缺损”。康熙二十七年四月初七日孝庄皇后棺椁奉移遵化昌瑞山，四月十九日正式停放进暂安奉殿。雍正三年(公元 1725 年)雍正帝谕令将暂安奉殿改建为昭西陵，同年十二月初十日，孝庄皇后棺椁正式葬入昭西陵地宫。

昭西陵大殿，原来的暂安奉殿享殿

孝庄皇后停灵达 37 年之久，时间之长，在中国历史上实为罕见！在 37 年里，孝庄皇后的棺椁是怎样停放的呢？

长期以来，许多人认为孝庄皇后的棺椁就停放在暂安奉殿内。在地面上。而笔者经过近几年来的研究，认为在停灵期间，孝庄皇后的棺椁

重檐廡殿
廡殿
重檐歇山
歇山
懸山
硬山
卷棚懸山
卷棚歇山
卷棚硬山
重檐四角攢尖
四角攢尖
重檐八角攢尖
重檐圓攢尖
圓攢尖
盔頂
重檐盝頂
盝頂

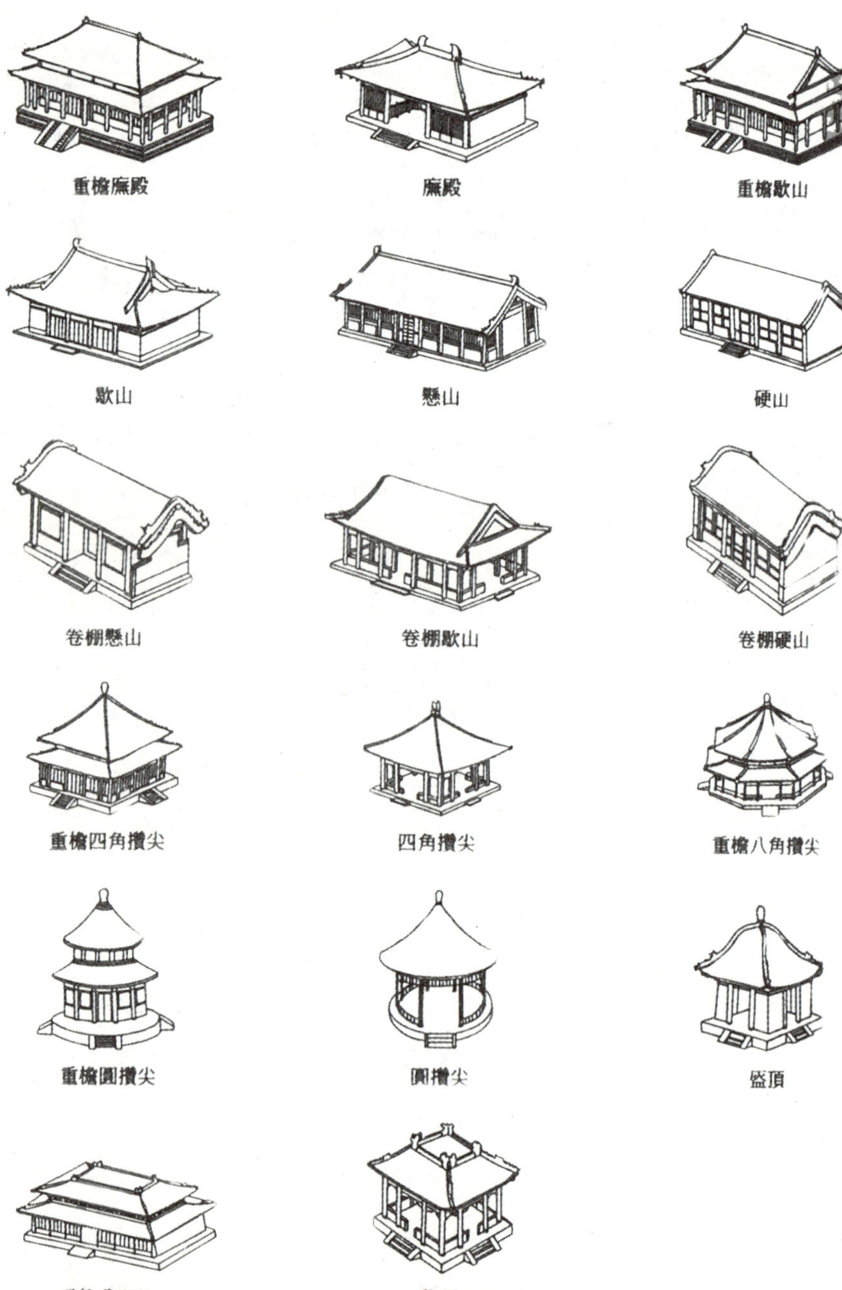

古代建筑屋顶形式

是停放在地下室内，如同南宋诸陵攒宫的龟头屋。理由如下：

昭西陵三座门及明楼

昭西陵神道碑亭遗址

一、孝庄皇后棺椁安厝暂安奉殿，虽属暂安，但也绝非数日、几个月，清廷必然要采取遗体的防腐措施，而最有效、最简便的方法就是将棺椁放入地下。乾隆帝的孝贤后、哲悯皇贵妃在静安庄殡宫暂安期间就曾将棺椁放入地下室内，此即为明证。

二、孝庄皇后的棺椁从暂安奉殿的享殿移到宝殿内的宝座上时，使用龙輴移送的。在清代，只有帝、后的棺椁送入地宫时，才使用龙輴。如果是停放在地面的殿内，使用人抬请，是不用龙輴的。

三、封掩宝殿门口时，从四月十九日至二十二日，用了整整 4 天时间。如果不是填砌地下室的隧道，能用这么长的时间吗？

四、大臣在劝皇帝节哀的奏书中，在言及暂安奉殿时有“至新筑宝宫成于不日，堂屋门隧，丹雘炳焕”之语。“隧”即是隧道。进入地下室的

苏麻喇姑像

斜坡引道称隧道。如果不进入地下室,能有隧道吗?

生者珍惜,死者安息。孝庄文皇后经过37年漂泊的亡灵，终于得以安息在她生前希望安葬的地方。这样即遵照了孝庄文皇后的意愿,“不与子孙远离”；还表明昭西陵与关外的皇太极昭陵是一体系,与清东陵既有别还有关联。这在一定意义上还可以这样理解,那就是说,关内关外都是大清国的领土疆域,都在中华民族合理合法的管理范围内。

因昭西陵的隆恩殿原来是慈宁宫东边的五间寝宫,是重檐庑殿顶的,所以昭西陵的隆恩殿在清陵中是规格最高的。

由于昭西陵是由暂安奉殿改建而成，所以建筑时间很短，除了建有方城、宝城、明楼、大殿、东西配殿、宫门、值班房和神道碑亭等主要建筑外,最引人注目的则是它有内外两道院墙,这是清陵中唯一的。

因此,无论建筑格局还是建筑规格,都是清代后陵中最高配置。但是昭西陵由于特殊的地理位置,没有桥梁和马槽沟,也没有设置人工的砂山。昭西陵不仅具有奇特的建筑规制,扑朔迷离的民间传说,更有传奇的墓主人,因此昭西陵备受世人的关注。许多来清东陵的海内外游人,差不多都怀着景仰心情到昭西陵瞻仰,凭吊中国古代这位不平凡的女性——孝庄文皇后。

终身未嫁的侍女情谜

一个男人的成功，往往身后都有一个或者几个女人。康熙皇帝也是男人,他的成功同样也离不开女人在背后的支持。

在康熙身后,除了祖母孝庄文皇后对他有着重要影响之外,还有一个女人不能不提,那就是民间传说甚广,富有传奇色彩的苏麻喇姑。

在清初,真有一位叫苏麻喇姑的蒙古女人。这个女人的出名,不是因为史书的记载和在中国的政治舞台上叱咤风云，而是因为近些年来影视剧的热播,《康熙帝国》、《康熙王朝》等将苏麻喇姑这个名不见经传的历史人物演绎得神乎其神,以至达到了家喻户晓、孺妇皆知的程度。苏麻喇姑在皇宫中的正式身份只是一名侍女,是孝庄皇后的贴身丫鬟,既与大清皇室没有血缘关系,更不是清朝皇帝的嫔御,却与大清皇室有着非同寻常的关系。她一生经历了大清的天命、天聪、崇德、顺治、康熙五朝。她亲眼目睹了大清王朝从开基立业到开创“康熙盛世”的全过程。她是清初许多重大历史事件的经历者和见证人。从现有的资料推算,她应该比康熙帝大40岁。死后以嫔礼安葬在她的主人孝庄文皇后昭西陵东侧的新城马庄。

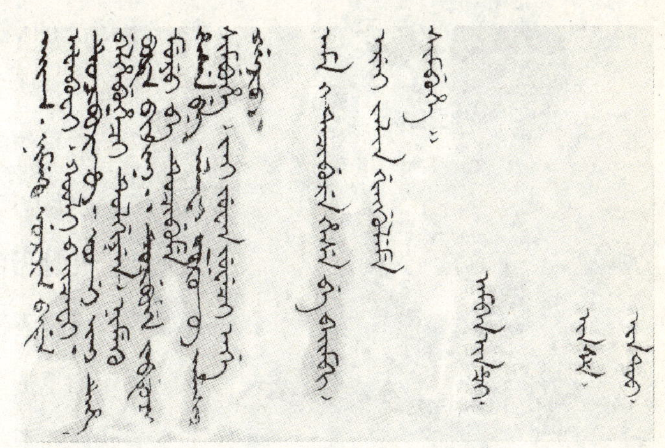

皇子关于苏麻喇姑病情的满文奏折(局部)

这个富有诸多传奇色彩的女人在历史长河中是如何走过来的呢?

苏麻喇姑出生在科尔沁大草原一个贫苦牧民之家，生年大约在明万历四十年(公元1612年)前后。最初名字叫苏茉儿，或苏墨尔，为蒙语的音译，意思是毛制的长口袋。顺治晚期或康熙年间改称满名苏麻喇，意思是"半大口袋"。

苏麻喇姑天生美丽聪慧，远近皆知，被科尔沁贝勒府看中，在府内当上了贝勒寨桑的二女儿本布泰的贴身侍女。天命十年(公元1625年)，本布泰出嫁时，苏麻喇姑作为本布泰的贴身侍女，也随主人陪嫁到了盛京。公元1636年，皇太极正式称帝，改国号大清。之所以改国号，是皇太极为了避免关内汉人因后金曾带给中原地区的战乱和灾难而引起的仇恨和反感。为什么取名"大清"，据说"大清"国号源于五行学说的"水克火"的意思。因为"清"从"水"，明朝的"明"从火，水能克火。

顺治元年(公元1644年)清军入关，苏麻喇姑随已被尊为皇太后的孝庄皇后到达北京，住进了金碧辉煌的紫禁城。

苏麻喇姑自从当了侍女，良好的生活条件和社会环境，使得她的眼界不断扩大，文化修养也迅速提高，她不仅蒙语讲得好，而且很快掌握了满语、汉语，尤其是那一手漂亮的满文，赢得了全宫上下的称赞。于是，奉孝庄皇太后之命，她充当了幼年康熙帝的第一任满文老师。

苏麻喇姑素描像

苏麻喇姑心灵手巧，在裁剪方面也是行家里手。凡她做的衣服，既合身，又美观，因此她曾参与过清朝衣冠饰样的制定。不仅如此，早年的草原生活和后来的塞外经历，使苏麻喇姑练就了不凡的马上功夫。骑马自然是好的出行方式，因此，每次为主人孝庄文皇后到宫外办事，她都是骑马而行。

苏麻喇姑与孝庄文皇后朝夕相处，形影不离，时间长达60余年，两人之间实际上早已超出了一般的主仆关系。特别是在皇太极驾崩后，孝庄文皇后刚刚31岁，青春鼎盛便过上了孀居生活，很需要有一位知音相伴，而与她年龄相仿、一直独身的侍女苏麻喇姑，自然成了最佳人选。在公开场合她们是主仆关系，但在私下里，情如姐妹，正因为如此，苏麻喇姑在宫中的实际地位很高，颇受尊敬。孝庄文皇后称她为格格，这是清朝皇室女儿的专用称号；顺治皇帝与她论平辈；康熙皇帝则称她为“额涅”、“额娘”，即母亲；康熙帝的众皇子们，则尊称她为祖母。而苏麻喇姑却很有自知之明，始终谦恭谨慎。她在孝庄皇后和康熙面前总是毕恭毕敬，小心侍奉，自称奴才。她把康熙帝奉若神明。

康熙二十六年(公元1687年)，孝庄文皇后病逝。这给苏麻喇姑以巨大的精神打击，使她陷入了悲伤、孤独、寂寞之中，这时的苏嘛喇姑已经是70多岁的老人了，如果长期这样下去，对她的身心健康是极为不利的。为了排解她的悲伤和孤独，康熙皇帝决定把庶妃万琉哈氏 (后来的定妃) 所生的皇十二子允祹交由苏麻喇姑抚养。允祹是康熙二十四年（公元1685年）出生的，这时只有3虚岁。按清宫惯例，只有嫔以上的内庭主位才有

苏麻喇姑(小)与老贵人宝顶(大)

资格抚养皇子。让苏麻喇姑抚养皇子，表明康熙帝对苏麻喇姑十分信任和重视。苏麻喇姑对于康熙帝的这一安排，当然心领神会，感激非常，同时也感到责任重大。为了报答浩荡皇恩，她又重新振作起来，把一个女人天生的母爱和全部的精力全部倾注到了抚养允祹上。在苏麻喇姑无微不至的关爱和孜孜不倦的言传身教下，允祹后来成为一位颇有政治头脑和才干的皇子。允祹曾多次奉旨办理各种政务。在康熙末年争夺储位的激烈斗争中，允祹很少介入，基本上保持中立，所以在雍正帝即位后，他不仅没有遭到打击、排挤，相反还被封为郡王。到了乾隆朝，允祹晋封为和硕履亲王，授为议政大臣。乾隆二十八年(公元1763年)，允祹以79岁高龄寿终正寝。在康熙帝的35个皇子中，他是最高寿的。允祹能荣列藩封，参与政务，并高寿而终，与苏麻喇姑的精心培养、指点有直接的关系，因此允祹对苏麻喇姑的感情也明显比其他皇子深。允祹长大成人后，苏麻喇姑过上了悠闲自在的生活。

苏麻喇姑信仰佛教。她信仰佛教在一定意义上是为了报答皇恩。念佛诵经是她晚年生活的主要内容。她经常发自内心地表示："愿意多活几年，为主子叩头祈祷，以尽奴才的一点心意。"她还说，自己存活一世，"只是为主子念佛祈福罢了"，"蒙主子厚恩，每日只是在佛像前尽力为主子祈祷，祝愿主子万万岁"。她一生没有结婚，据《啸亭杂录》一书记载，苏麻喇姑在生活上有两个令人不解之谜。一是终年不浴，只有到年终最后一天即除夕之日，才用少量的水洗一洗身体，然后再把这些用过的脏水喝掉；二是终生不吃药，即便病情再重，也不服用任何药物。

至于苏麻喇姑为什么不洗澡和喝掉自己擦洗身体留下的"秽水"。笔者分析，这可能与她出生并生活在蒙古草原有关系，是一种长期的牧民生活习惯所致。因为草原上缺水，对水的珍惜已经达到"惜水如金，爱水如命"的程度。而喝掉"秽水"，则是认为洗澡所用水也是一种对水的浪费，浪费如命一样的水会遭受上天的惩罚,会遭受报应的,为了表示自己没有浪费水而喝下已经使用过的水,或者说这是一种宗教信仰。而苏麻喇姑生病不用药物,也许是出于生活习惯,苏麻喇姑出身很贫穷,那时候的蒙古部落不但贫穷落后,而且是缺医少药,大多数人生病除了祈求佛祖的庇佑,还能有什么办法呢?那就只能认为是上天对自己的惩罚或者自己该归天了,这种思想在童年的苏麻喇姑心中留下了难以磨灭的烙印。

康熙四十四年九月初七日(公元 1705 年 10 月 24 日),苏麻喇姑的心脏停止了跳动,结束了她那丰富多彩的一生,终年 90 多岁。

为了报答她对自己"手教国书,赖其训迪"和抚养皇子的恩情,康熙皇帝按嫔礼为苏麻喇姑办理丧事。这对于奴仆出身的苏麻喇姑来说,可以说是皇恩浩荡了。苏麻喇姑生前与孝庄文皇后朝夕相伴多年,度过了不平凡的岁月,死后当然也应该让她俩长依相伴。当时,孝庄文皇后的梓宫停放在遵化昌瑞山下的暂安奉殿内,康熙皇帝决定将苏麻喇姑的灵柩也停放在那里。苏麻喇姑的灵柩是于康熙四十四年(公元 1705 年)十月十三日移入暂安奉殿的,主仆二人相别已经 18 个年头了,此次冥间重逢,想必一定会感谢康熙帝为她们做出的这一精心周到的安排。

雍正三年(公元 1725 年)孝庄文的暂安奉殿正式改建成"昭西陵",十二月初十日,孝庄文皇后正式入葬昭西陵地宫。由于苏麻喇姑既不是皇室成员、爱新觉罗后代,也不是皇帝的嫔御,出于名分所限,苏麻喇姑不能与主人同葬昭西陵。雍正帝为了照顾苏麻喇姑与孝庄文皇后之间的亲密关系,决定将她葬在距昭西陵只有 1.5 公里的马庄。

苏麻喇姑园寝于雍正三年(公元 1725 年)二月动工,同年七月完工,八月初七日将苏麻喇姑葬入该园寝内。这座园寝坐北朝南,主要建筑由北到南有:地宫上建宝顶,前建园寝门 3 座、享堂 3 间、大门 3 间,环以朱垣。门外建东西值房、东西厢房。宝顶位于园寝纵向中轴线上。

光绪二十六年(公元 1900 年)八国联军进攻北京,慈禧太后携光绪帝出京西逃。当地的老百姓都以为大清国倒了,于是一哄而起,就把这座园寝给拆了。苏麻喇姑的地宫是在日本投降前被盗的,地宫盗口长期敞开着。据一位曾经进入过地宫的南新城三村的老人回忆:苏麻喇姑的地宫四面墙壁是用砖砌的,地宫顶都是用大平石板棚起来的。地面也是平石板,中心部位凸起。顶部是平的,上面上有一个深 10 多厘米的平底圆形凹槽,上面放有一口装有骨灰的缸,据说苏麻喇姑死后是被火化的。因为地宫很小,人在里面无法站起来。

如今苏麻喇姑园寝仅存两座宝顶,其他建筑也荡然无存,尽管如此,每年仍有许多来自各地的游人和清陵爱好者前去参观,缅怀这位令人尊敬的女性。

第五章　跨过痛苦的灾难

康熙陵虽然在1928年躲过了那次历史上最悲惨的被盗命运，然而这并不意味着它就是盗墓史上的幸运儿，它的厄运只不过由于社会政治格局现状的变化而延续了几日，等待它的则是更为悲惨的厄运，康熙陵在劫难逃。具体是何时被盗的？盗墓者都是什么人？固若金汤的景陵地宫又是怎样被打开的呢？被盗前和被盗后的康熙陵又都经过了哪些事件呢？

发生在地下天国的劫难

1945年12月22日，是清景陵历史上最黑暗的一天。景陵地宫被一伙土匪和当地被骗的无知村民打开，地宫中的棺椁被劈开，珍宝被盗掘一空。

清东陵既然是风水宝地，为什么没有保住大清的万代江山和自己祖宗坟地不被盗呢？

在清东陵地区广泛流传这样的一个故事。

东陵二郎庙山门

东陵二郎庙大殿

东陵二郎庙大殿内二郎神像

清朝将昌瑞山一带划为陵区，由于是涉及大清万世江山的统治和子孙后代的繁衍，陵区内是不容许有坟墓和庙宇的，为此，陵区内的寺庙、道观、坟墓、居民都被迁出了。当时清朝官员来到陵区东南的一座小山上时，发现了一座规模很小的庙宇——二郎庙。

当时的二郎庙只有一间大殿，既无配殿，也无旗杆，规模很小。于是建陵大臣在马兰峪后山按原样建了一座新的二郎庙，派人把原来庙内的二郎神泥像用轿子抬到新庙内。第二天当人们拿着锹镐去拆二郎庙时，竟发现二郎神的泥像仍端坐在神龛内，派人到新庙一查看，泥像果然不见了，大家感到很奇怪。于是又第二次把泥像搬至新庙，可是第二天泥像又回来了，这样一连搬了三次，泥像回来三次。神像搬不走，庙就拆不成，这下可愁坏了负责移民迁庙的官员，只得把这件事原原本本地上奏给皇上。康熙皇帝接到奏章，也感到困惑不解。第二天升朝后，康熙皇帝把这件怪事向满朝文武讲了一遍，询问各大臣有何良策。众大臣面面相觑，也是一筹莫展。康熙皇帝只好拂袖散朝，回到乾清宫，闷闷地躺在龙床上琢磨这件事。想着想着，忽见天上飘来一朵祥云，只见云端上站着一位天神，三只眼，顶盔贯甲，威风凛凛，朗声说道："大清皇帝听了，我乃二郎神是也，特来告知我不去新庙之故。原庙前之山乃是猴山，山内囚禁着数以万计的猴子，都是孙悟空的后代，个个武艺高强。我若离开原庙，这些猴子就会出来犯上作乱，把天地搅得一塌糊涂。为了使你大清陵区肃穆安宁，我要永镇猴山，不能迁徙他处。"说罢，祥云升起，转眼不见。康熙帝猛然坐起，原是一梦。回想梦中二郎神的话，颇觉有理。派人到实地打听，原二郎庙前果然有座猴山。康熙帝立即传谕负责陵区搬迁事宜的官员，不得再移像迁庙。同时重修原来二郎庙，扩大规模，大殿由一间改为 5 间，增加东西配殿各 3 间，增设旗杆 2 根。重塑二郎神像，增加配像关羽、吕祖等。

东陵二郎庙大殿后东陵唯一幸存的古松

但是由于二郎庙被无故搬动了三次，镇压在猴山的猴子在二郎神像被搬动期间，跑出来了两只。这两只猴子在若干年之后，将大清王朝闹了个底朝天。

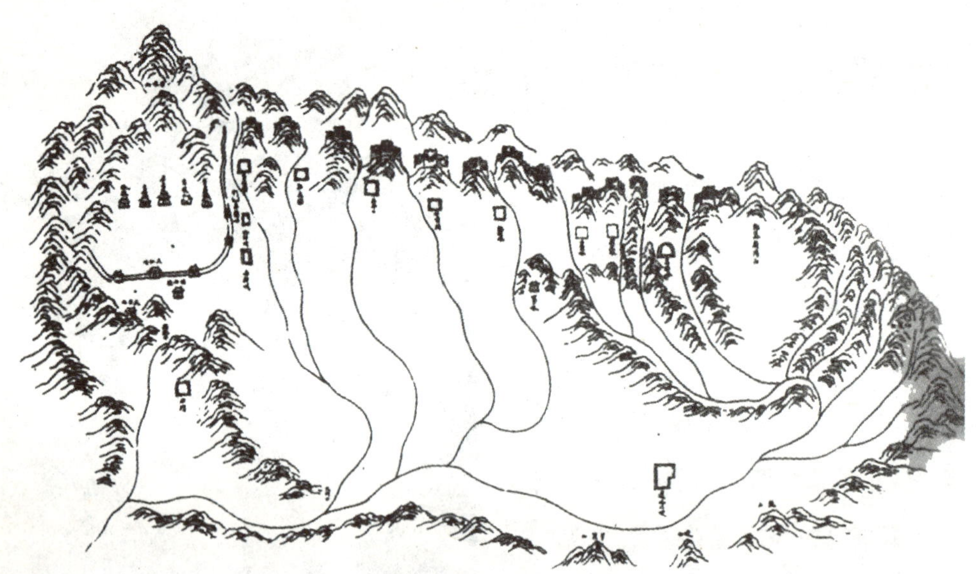

九凤朝阳山吉地与东陵位置图(清·样式雷绘),雍正帝曾选此地为自己的万年吉地,因砂土不合,最终放弃,改建在河北易县境内

这只是民间的一个传说,然而在清东陵境内,确实存在着一座猴山,在猴山的北面的山坡上,也确实存在着一座二郎庙。在阴宅中存在阳间使用的神庙,这无论是当时还是现在,确实有些不可思议。

但这在一定程度上,也说明在风水术上对入选的风水宝地的限制严格,不仅仅龙脉、砂、水、穴位、明堂、朝案等条件要符合要求,还对名字有禁讳。明燕王朱棣夺取政权后,在北京附近寻找万年吉地。最初选在口外屠家营,但因为明代皇帝姓朱,“朱”与“猪”同音,猪如果进了屠家,肯定必死无疑,所以该地落选。这在风水上叫做避地讳。再选京西燕家台,又因“燕家”与“宴驾”谐音,因为皇帝死叫宴驾,还不能用。在昌平西南的羊山脚下,因为附近有个村子叫狼儿峪,“猪”身边如果有一群狼的话,那就更危险了,所以还是没有选上。总之,选择万年吉地,不仅要求风水好,还要不能犯名称上的禁忌。其实,在历史上,只要一个朝代被另一个朝代接替了,灭亡朝代皇家的祖坟就会因为失于管理和保护而被盗掘，死不安宁。这就是为什么一些对此有见识的古人，主张薄葬或者不葬珍宝的原因。但是，由于封建社会的局限，在皇权至上观念的支配下，皇帝的丧葬被视为国家一等大事，其礼仪标准是被载入国家法典的。康熙帝作为一代封建帝王，自然也是按照国家礼仪制度来办理丧葬的。所以康熙陵被盗也是在所难免的。

说到陵寝被盗，很多人认为只有地宫被发掘，才算是被盗。其实不然，只要是属于该陵寝的一切物品和建筑丢失或被损坏，都属于被盗。康熙景陵的地面建筑在 1928 年之前就已经损坏很多，其原先保留的物品丢失的则更多。而 1928 年 7 月发生的孙殿英东陵大盗案，传闻盗挖景陵时，因为地下冒出大水而被迫终止。在景陵陵寝门现场曾留有“军长柴云升、旅长韩大保名片各一张”。

景陵哑巴院

皇陵作为一个生者与死者、阳间与阴间交融的世界，地宫是最神秘的地方。

地宫，又称地下宫殿和玄宫，位于宝顶之下，是陵寝最重要的建筑。清制，帝陵地宫规制为九券四门，入口在哑巴院内琉璃影壁下。因此，地宫位置是选陵址所优先考虑的重中之重。

景陵哑巴院内的琉璃影壁

关于康熙陵选址，民间有着这样的一个传说：

康熙帝登上皇帝宝座后，派

出大学士、礼部尚书、工部尚书和钦天监官员到自己父亲的陵寝昌瑞山一带相度万年吉地。这些官员和风水先生经过一年的反复踏勘,终于在孝陵东南2里的地方相中了一块。但见此处群山朝揖,众水分流,郁葱雄秀,彩霞飘逸,实为乾坤聚秀之区,阴阳会合之所,这正是踏破铁鞋难以找到的万年上吉之地。只是令众大臣和风水先生感到为难的是,在陵穴之处有一个深水潭,大约亩许,深不见底。据当地土人讲,此潭底部与陵区南面的龙门口相通,两水互流,实为一脉,且潭中经常有蛟龙出没。每逢大旱,当地土人便到此潭祈雨,无不灵验。自昌瑞山辟为陵区,首建孝陵以后,当地人才不敢到此祈雨了。

众大臣知道这件事后,便将相度的结果写成详细的风水帖子呈递给康熙帝。康熙帝是何等聪明之人,略加思索说道:"待朕亲临阅视,再作道理。"

雷思起像(样式雷家族的第六代传人),清代陵寝的设计人

第二年春季,康熙帝借谒陵的机会,在众大臣的保护之下来到昌瑞山下。在拜谒了皇父的孝陵之后,由大学士及各部院大臣陪同来到了大臣们相中的那块风水吉地。但见此处山清水秀,林木葱郁,堂局严密,护砂环抱,果真是风水宝地。再看那穴处的深潭,确有亩许,深不见底。水潭处于两道山沟的汇合之处,山沟陡峭,水流很急,对下部形成了极大的冲击力,年深日久,冲击成坑,积水成潭。一遇阴雨连绵的季节,积水一多,水面必广,水潭四周,山高林密,草木丛生,必然映衬得深不见底,由此便附会出潭底直通十里外龙门口的故事。至于蛟龙出没,祈雨灵验之类的故事,

则纯属臆想，不足为信。康熙帝看毕，心中有数，对此处甚为满意，当晚住在马兰峪行宫。

第二天早晨，康熙帝召集众大臣说：“昨日夜间，梦见龙王三太子前来见朕，三太子说道：‘陛下乃真命天子，统御万邦，治国安民，德泽苍生，福祚绵长，小神由衷敬佩。闻知陛下相中那块宝地，欲作万年吉地，小神情愿迁居龙门口，将此地让予陛下。’朕听后再三推辞。他说：‘此乃天意，理应如此，不必谦让。’既然昊天垂鉴，却之不恭，就将此地定为万年吉地，明春就诹吉兴工吧。”

第二年开春，正巧大旱，水位大降，昌瑞山下那个深不见底的水潭缩小得只剩半亩。众臣僚和修陵大臣大为惊异，以为康熙皇帝所梦到的三太子真的搬家了。有神灵的谦让，修起陵来自然也就格外卖力。为了避免山沟之水冲涮陵寝，康熙帝命建陵大臣在两条山沟下游各接修一条又深又宽的马槽沟，以此疏导山水。然后再让工匠们用20个柳条大罐彻夜淘水，不到两天，潭水就被淘干。经过6年紧张施工，康熙的陵寝终于建成了。

以上虽然只是传说，但就康熙陵地势来说，明显比其他陵寝地势要偏低一些。笔者曾在康熙陵东侧半里的景陵妃园寝工作，因工作的需要在康熙陵和景妃园寝附近踏访无数次，确实感觉景陵地势低洼，比其他的陵寝地势要低下许多。在妃园寝的西面不远处有一口老井，因为井的位置地势很低，经过多年附近山上冲刷下来的泥土覆盖，井被掩埋住了。经过土地改革后，陵寝附近的土地都被分给村民。人们在耕耘时发现了那口井，并将井口上升了很多，现在那口井的井口要比当年高了八九米。

景陵地势低洼，也引起了盗墓者的注意。盗墓者经过认真仔细的分析，将盗掘景陵地宫的时间选择在冬季，有意避开了阴雨连绵的雨季，这时候地宫内的积水是一年当中最少的。尽管如此，据盗陵者回忆说，景陵地宫当时

景陵宝顶

的积水依然很多。这群盗匪中，有许多就是当地人，如关增会（也有叫关老七）是东陵裕大村人，田广坤（田老七）是东陵南大村人，张尽忠是东陵西沟村人，赵连江是蓟县七区破城子村人，杨芝草是蓟县七区破城子人，王绍义是东陵定大村人，共计300多人。

为了保护地宫，古人往往在地宫里设有暗道机关。不但熟悉天文地理，而且也学习钻研科学技术的康熙皇帝，除了把自己的陵寝建造得坚固无比之外，他更应该懂得如何保护和维护自己的陵寝安全。

在当地人流传着这样的一个传说：匪徒们把康熙棺椁盖打开后，突然迸发出一团神秘大火，把正在劈砍棺椁的关增会、田广坤两人烧伤。有人说那是康熙帝在棺椁内设的神火暗器，也有人说那是康熙爷显灵。

康熙陵由于建造得异常坚固，这群盗匪费了好几天的时间才打开地宫。在被盗得的珍宝中，据说最珍贵的是康熙帝生前喜爱的一件玉器——九龙玉杯。

九龙玉杯就是《彭公案》中的《杨香武三盗九龙玉杯》中所说的那件珍宝。关于九龙玉杯的来历，有两个说法：

第一种说法是：九龙玉杯是西夏国王赠给康熙皇帝的。其玉名为温凉玉，在数九寒冬，用手摸是温暖的；在三伏酷热天一摸，是清凉爽手的；斟满了酒，不烫自温；如果酒中有毒，倒入此杯后，酒立刻变黑。杯身上雕了9条明龙，杯盖上雕了九条暗龙，斟满酒，盖上盖后，就会见到九条明龙和九条暗龙上下翻腾，嬉戏于江海之中。

道光皇帝朝服像

第二种说法是：九龙玉杯玉石原料是蒙古台吉勒尔卡登贡献给康熙皇帝的。这块玉石分上下两层。上为血红色，下为碧绿色。两种颜色界限分明。红的部分似鸡冠，绿的部分似雨后冬青。整块玉石晶莹光滑，颜色纯正，堪为上上品。康熙皇帝遂命宫中玉石匠雕成此杯。杯形为外方内圆，象征天圆地方。杯的四角各有两条龙，为二龙戏珠。杯把上的那条龙头上尾下，口含一珠，遇有震动，可以跳动，将酒倒入杯中后，便可见九条龙翻腾转动，极为神奇。

由于康熙皇帝极为喜爱，在他死后，这件宝物被他带进了棺椁。盗陵案发生后，东陵地区的地方干部广泛宣传政策，开展心理攻势，得此宝物的人最终将九龙玉杯交给了政府。但由于当时政局不稳定，九龙玉杯上交之后就下落不明了。据原蓟遵兴联合县公安局局长云光回忆说：九龙玉杯为白玉质，长方形，高 3 厘米，宽 4 厘米，长 6 厘米，有盖。四角各有二龙戏珠，把手为一条龙，合计共 9 条龙。故称为九龙玉杯。所用玉石细腻无瑕，

菩陀峪定东陵（慈禧陵）地宫内之龙须沟漏孔，在道光陵之后的清代陵寝地宫里面都安装了这种形式的设置

半透明。

盗陵案发生后，党和政府对此特别重视，成立了“盗陵案专案组”，并调拨军队给予配合，抓捕了一批盗陵主犯。1946年2月1日（农历大年三十），在景陵大碑楼前的空地上，隆重召开了审判盗陵案宣判大会，枪毙了6个盗陵主犯。

在清东陵工作这么多年，笔者有着深深的疑惑：景陵始建于康熙十五年（公元1676年），康熙二十年（公元1681年）地宫建好，并葬入孝诚皇后和孝昭皇后。到康熙帝死后，雍正元年（公元1723年）九月初一日葬入地宫。时间跨度长达42年之久。在这么长的时间里面，没有发现记载地宫漏水的只言片语。难道那时候地宫没有发现渗水的现象？地宫渗水是由来已久的难题，在道光朝时，因为发现道光陵地宫出现严重的渗水，竟将建好的道光陵从东陵拆迁到清西陵。康熙朝是如何看待和解决地宫渗水现象，当时行之有效的设计方案，在什么时间失去了它应有的保护作用，已成为景陵建造史上一个难解之谜。那么进一步说，雍正帝泰陵的地宫是否遇到渗水的问题？乾隆帝的裕陵地宫渗水给了人们太多的遐想，然而景陵的地宫则给了人们更多的是担忧——防止地宫渗水是当时人们在建造技术上必须面对的一个很难解决的课题。

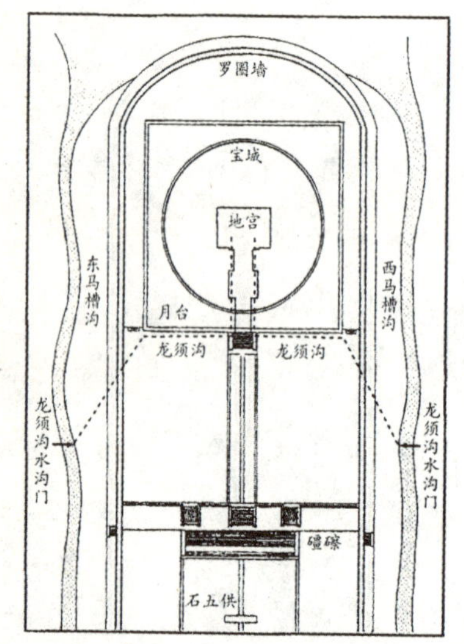

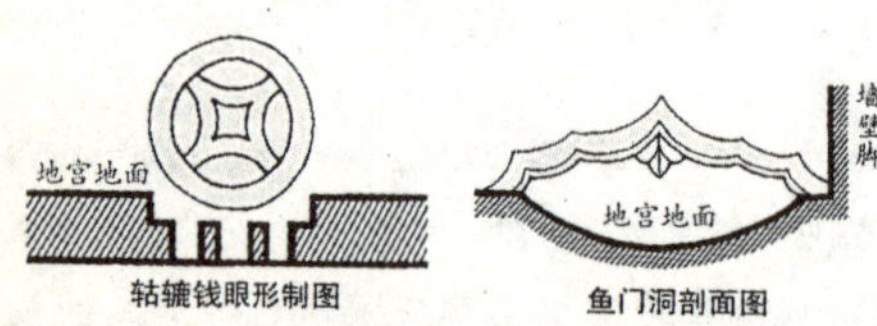

轱辘钱眼形制图　鱼门洞剖面图

地宫龙须沟平面图

明朝已开放的定陵地宫，并没有发现有渗水现象，也没有在地宫安设排水

景陵宝城后院，徐广源曾在这里仔细寻找地宫是否存在排水管道出口

管道，那么清陵地宫为什么出现渗水事故呢？据已知道的清陵地宫建造结构和地宫水平地面来看，地宫出现渗水问题还是主要来自地下水泉，与雨水关系不是很大，那么在营建地宫的时候就应该发现地下泉水对地宫构成的潜在危害，加以防范或者直接避免。清代帝陵的地势明显是后寝部分高于前朝地势。地宫地面的高度与石五供的地面高度是水平的，而石五供平面又高于整座陵寝地势综合高度。这样的话，地宫渗水问题还是比较好解决的，人们在施工的时候，可以在地宫周围开挖一些渠道来随时排水。景陵地宫从营建到正式关闭石门的42

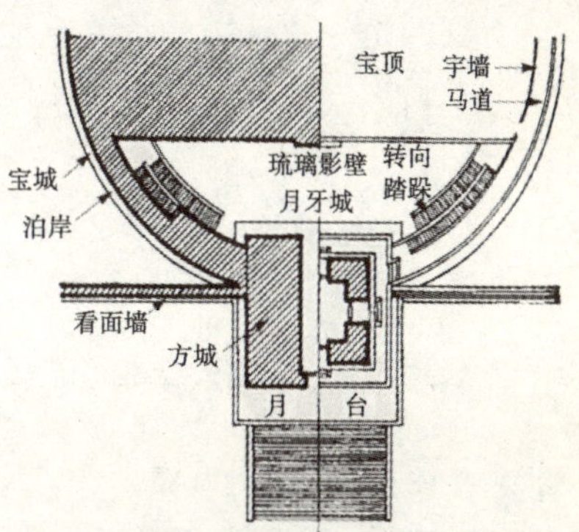

皇帝陵寝（有月牙城，以泰陵为例）

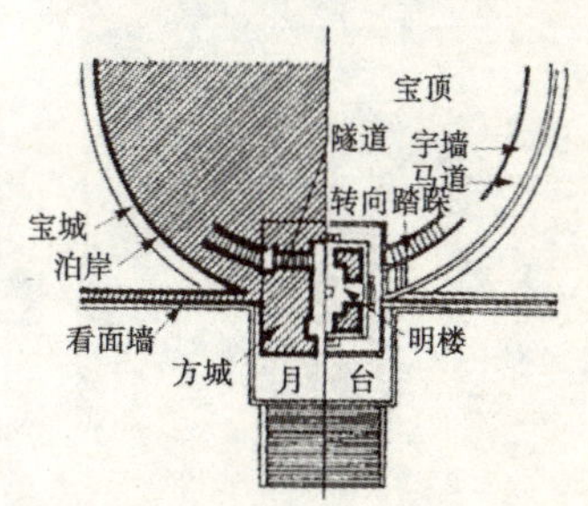

皇帝陵寝（无月牙城，以泰东陵为例）

方城与明楼构造图

年间，是否发现地宫有渗水？笔者曾记得父亲徐广源先生在景陵宝城周围寻找过地宫是否设有排水出口等设施，以此来查看地宫出现渗水的几种可能和防范措施，遗憾的是没有发现有价值的线索。没有实际进入到景陵地宫，一切还都是猜测。

打开沉痛的历史画卷

公元1912年1月1日，民国成立，清王朝灭亡。民国时期，国内各派军阀互相混战，抢劫、偷盗清东陵的事情时有发生。

1928年7月发生了震惊世界的东陵第一次大盗案。9月，退位的宣统帝溥仪派载泽等人来到清东陵，详细调查清东陵被盗的情况，这些人在清东陵看到的是一片残破的荒芜。他们在写给溥仪的呈单上这样写道：

景　陵　石像生象牙伤；小碑亭周围柁云均失，天花板失去三块；神厨库门窗均失，枋檩间有失落；东西朝房门窗、槛框、枋檩全失；东西班房木架全失，墙坍塌；隆恩门匾额失，门扇全存，门钉失，枋子、天花板俱无；隆恩殿石栏间有毁，隔扇、槛框、窗棂、天花板全失；神龛全失，佛楼隔扇失四件；琉

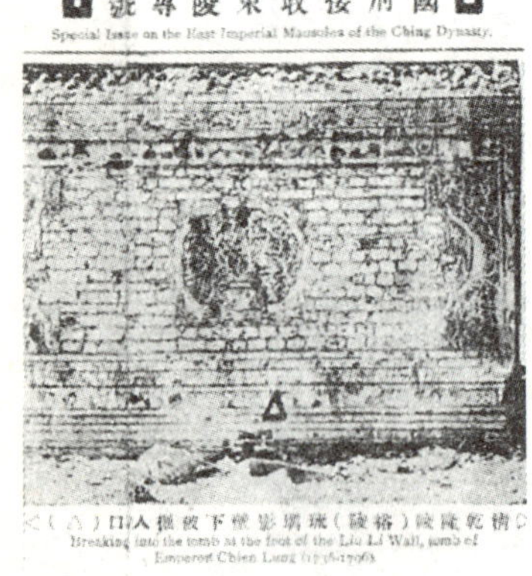

1928年10月18日，《北洋画报》刊登的东陵被盗现场

1928年，清皇室成员调查东陵被砍伐的树木

璃门槛框全失;铜缸存一;二柱门西边石柱倒断;石台五供有损坏;宝城明楼门扇、隔窗、天花板全失,枋子不全。

景陵妃园寝 东西班房木架全失,墙坍塌;门二扇、檩枋全失;飨殿神龛、门窗、槛框、天花板全失;琉璃门门框全失。

悫惠皇贵妃、惇怡皇贵妃园寝 东西朝房门窗、槛框全失;西班房木架均无,墙坍塌;宫门门存,铜门钉全失,内外天花板全失;飨殿神龛、暖阁门窗、槛框全失;琉璃门槛框全失;宝城明楼门扇、隔扇、天花板全失;隆恩殿前陈列铜炉、鹿、鹤全失。

1928 年 7 月,牌楼门六根石柱中的西数第三根向南倒下,摔成三截。1978 年才修复如初。

20 世纪 40 年代,宫门前马槽沟上的三路三孔拱桥上的玉石栏杆,被一伙无知激进的人推倒,全部砸碎。1996 年在维修景陵时,将重新雕刻的石栏杆全部安装好,基本上恢复了原貌。

1952 年 7 月 14 日(农历闰五月二十三日)大雨如注,电闪雷鸣,景陵的圣德神功碑亭突然触电起火,熊熊的火焰腾空而起,倾盆大雨尚未落地,碑亭早已化成一团雾气而散。东边 7 米多高的满文碑断裂倒地,西边的汉字碑也残损严重。2004 年 5 月 6 日,景陵(康熙帝陵)圣德神功碑楼修复开工典礼在景陵大碑楼现场举行,原文化部部长王蒙、原国家文物局局长张德勤、国家文物局副局长张柏、省文物局局长张立柱出席典礼

景陵二柱门(1929 年国民政府检照)

仪式，鲁迅博物馆副馆长刘小合、清皇室后裔爱新觉罗·溥任、北京民委副主任崇文区政协副主席金毓嶂、北京满文书画院教授安俊等出席典礼。景陵大碑楼修复工程经国家文物局批准，计划总投资1190万元。由于资金不到位和后来管理部门人事调动，至今此碑亭尚未复建，仅将石碑粘接竖起。

康熙帝的景陵是清代陵寝中遭受灾难最多的陵寝，既有天灾也有人祸。

1949年10月，新中国建立，清东陵获得了新生。党和国家对清东陵的保护、管理非常重视，于1952年7月29日，成立了清东陵文物保管所，归唐山专员公署领导。第一任所长巩秀波，副所长郝春波，当时全所只有5个人。面对残破的皇陵，他们认真地对各陵进行调查登记，收集各陵流散的文物。他们亲自动手，用胶皮车拉石块、砖块、石灰，堵砌了各陵被盗的洞口，清理了荒芜破乱的陵园，付出了很大辛苦。1961年3月4日，清东陵被国务院列为第一批全国重点文物保护单位后，国家不断拨专款维修各陵建筑。尽管如此，由于那时的国家处在困难时期，微薄的维修费也只能维修陵寝一些重点建筑，保持不塌不漏。

已粘接好的景陵圣德神功碑

1966年8月，清东陵文物保管所在写给上级《关于拆除一批极为残破建筑的请示报告》中称：景陵神厨库之南北房、东大房、省牲亭，其残破情况是：南北房瓦顶均已大部坍毁，木构件早已残破不全。东大房虽然坍毁较少，但大部木件糟朽，随时有坍塌之危险。省牲亭后坡已坍，抹角梁糟朽，只靠支顶维持。四檐方圆椽糟烂已尽，西面两角柱早已丢失，如不及早拆除，待其自然坍塌，则现存之木料、瓦件全毁，实不如早为拆除更好。

世界遗产标志

世界遗产清东陵标志碑

在这之后就发生了“文化大革命”，清东陵的保护停滞不前。隆恩殿和东西配殿被当作军需库房，院内院外到处杂草丛生，破败不堪的景象令人心酸。这不仅仅是中国人的悲哀，也是全人类的悲哀。

《国际古迹保护与修复宪章》中指出：“世世代代人民的历史古迹，饱含着过去岁月的信息留存至今，成为人们古老的活见证。人们越来越意识到人类价值的统一性，并把古代遗迹看作共同的遗产，认识到今后保护古迹的共同责任。将它们真实地、完整的传下去是我们的职责。”文物古迹是文明的载体、历史的见证，是一定历史时期人类社会生活的产物。它能从某个角度客观真实地反映那个时代的政治、经济、军事、文化、艺术、科学的水平。文物古迹之所以有其不能替代的重大作用，根本原因在于文物古迹本身所具有的真实性，可以说文物古迹的真实性是其生命线和内在的灵魂。

清东陵的文物古迹含括了三个半世纪的历史，清东陵的一砖、一瓦、一

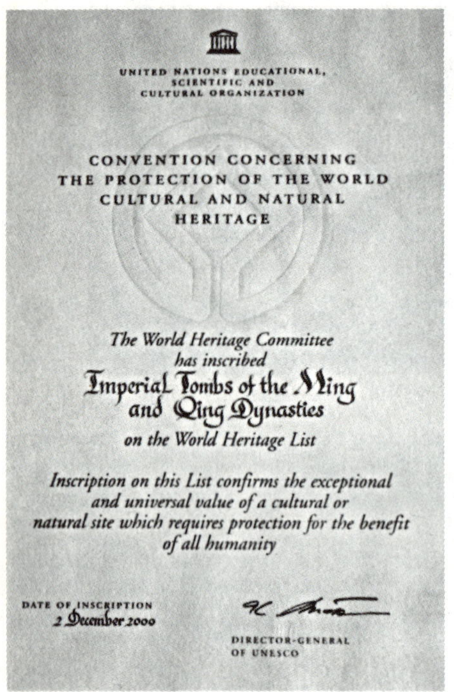
UNITED NATIONS EDUCATIONAL, SCIENTIFIC AND CULTURAL ORGANIZATION

CONVENTION CONCERNING THE PROTECTION OF THE WORLD CULTURAL AND NATURAL HERITAGE

The World Heritage Committee has inscribed

Imperial Tombs of the Ming and Qing Dynasties

on the World Heritage List

Inscription on this List confirms the exceptional and universal value of a cultural or natural site which requires protection for the benefit of all humanity

DATE OF INSCRIPTION
2 December 2000

DIRECTOR-GENERAL OF UNESCO

2000年11月30日，清东陵被联合国教科文组织世界遗产委员会批准列入《世界遗产名录》,图为世界遗产证书。

石、一木都从一个侧面反映了清代的兴衰荣辱。清东陵所葬的康熙、乾隆、孝庄、慈禧等人物是清代举足轻重的人物,清东陵的裕陵地宫、慈禧三殿等建筑物的建造艺术具有极高的艺术价值。

2000年1月,世界文化遗产评估专家让·路易·鲁迅先生在评估清东陵的留言簿上写到:“在中国，当我来到清东陵这个评估现场的时候,我非常高兴。对你们所进行的文物保护工作，我表示非常尊敬。文化遗产是整个人类的成就,可以和自然奇观媲美,我非常高兴。”

面对这么好的文化遗产和独具匠心的地理位置,为了下一代,为了全人类,清东陵的保护管理工作任重而道远。

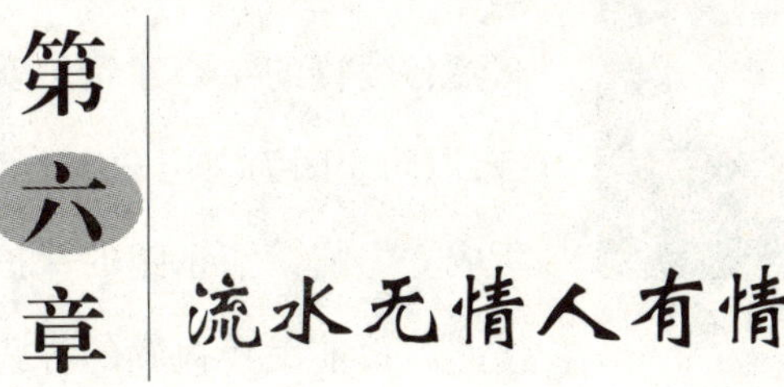

第六章 流水无情人有情

康熙陵在历史上的辉煌在时间的旋转中已成为过去，当记载中国一段历史的载体获得新生的时候，人们忽然发现，她已经很苍老很脆弱了，她所需要的不仅仅是照顾，还有破坏性伤痕的治疗。

一位老人的忧思

新中国初期对清东陵的保护，还是来自于康熙景陵大碑楼的一把天火，现在保护清东陵的管理机构全称清东陵文物管理处，其前身是清东陵文物保管所，这一名称的变化，意味着对清东陵的保护和管理更上了一层楼。

清东陵保管所成立于 1952 年 7 月 29 日，而在这之前，清康熙景陵大碑楼因为雷击而变成了一座废墟。大火之后，当地政府将大碑楼的实际损失上报河北省。这才引起河北省政府的重视，责令唐山市专署成立清东陵保护机构。“保管所”，简单地可以理解为就是把原来的一些文物和建筑保护起来的

菩陀峪定东陵(慈禧陵)之龙山石

崇陵地宫内的龙山石

意思。“管理处”则是保管的同时还是要维护和维修文物和古建筑。在河北省的重视下,唐山专署在半个月的时间内就成立了清东陵文物保管所。保管所在当时首先的任务就是在东陵各陵寝的主要建筑上安装了避雷针等设备,以防止因为雷击发生类似的火灾。在保管所成立之前,清东陵的保护只是由附近各村按照解放前民兵执勤的方式巡逻,基本处于无人保护状态,所以就造成各陵地宫被盗的惨状。

河北省在拨来资金保护清东陵古建筑的同时,也派来了省文化局的人来清东陵视察,原河北省文物界的李正先生就是其中之一。李正先生曾这样回忆在清东陵看到的情景:

(一九)五二年河北省成立文化局,我到局里工作。(一九)五二年接到遵化县报告,说景陵大碑楼被雷火击毁。文化部罗哲文,可能还有祁英涛要去东陵调查。省文化局派我陪同去,省文管处董增凯也随同前往。

我们去主要是看被烧毁的景陵大碑楼情况,顺便看一下被盗的皇帝陵的地宫情况。因慈禧陵和裕陵的地宫盗口已封好了,我们只看了惠陵和景陵的地宫。

……

第二个去看的是景陵地宫。和我一起下去的有遵化公安局的那位

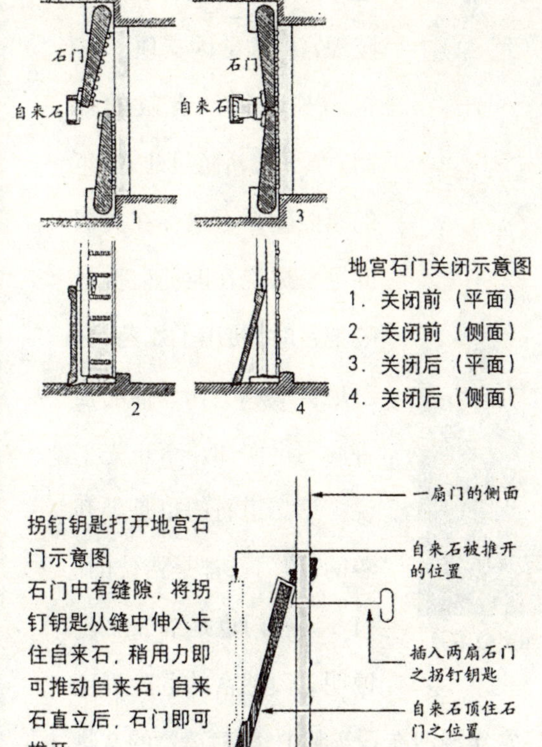

地宫石门与自来石示意图

局长和东陵的巩所长。其余的人在洞口外拽绳子。我们三人是从地表的盗口钻进去的。洞口不大，里面仅有一块石料大的入口。我们也是一手持枪，一手举着松明子，用绳子系下去的。第二道石门也是半开着的，顶门石都是错位的。有一扇石门也是错了位。第二个券里有水，到膝盖。第三个券里水很深，水齐胸深，凉得可怕。再往里是道圆券，圆券上面有石雕装饰。门上有个洞，顺洞往里看，券里全是水。水面与洞口平。所以最后的券未能进去，里面的棺椁也未看到。整个地宫是石券，石门上有雕刻，是什么雕刻记不清了。壁和券顶有没有雕刻，因天黑，记不清了。但最后的券门是圆的，上面有石雕装饰记得很清。

1952年的康熙陵地宫盗洞口常年敞着，地宫中充满了冰冷彻骨的臭水。这种情况告诉人们，景陵地宫绝不是简单封闭上就算了事，而是应该进行抢救性清理和保护。乾隆八年(公元1743年)建造的乾隆裕陵地宫，在建成47年后就发现头道石门上的上门槛和月光石出现裂缝，在20世纪70年代，不仅上述裂缝更加严重，而且其他的上门槛也发现不同程度上的裂缝。发现问

乾隆帝的裕陵地宫的第三道石门支顶门楼的两根巨大的石柱

题才能解决问题，乾隆裕陵地宫的裂缝因支顶了10根石柱而得以有效的控制。那么比裕陵早建67年的康熙陵是否也存在类似问题？据说在匪徒盗掘景陵地宫时，使用了炸药，会对地宫造成了什么样的损害尚不得而知。李正先生说:“第二道石门也是半开着的，顶门石都是错位的。有一扇石门也是错了位。”说明景陵地宫的危险程度已经很严重了。康熙等帝后妃的棺椁常年浸泡在石灰浆中，将对遗留的文物造成巨大的腐蚀。

徐广源(右)在第十届国际清史研讨会上与著名清史专家戴逸先生

在清东陵，无论是当地人还是国内的著名清史专家、学者，只要是提到清代陵寝研究，无一例外都会毫不迟疑地说:不明白的问题找徐广源。

徐广源，男，满族，清东陵守陵人后裔。1946年3月出生，河北省遵化市马兰峪人。自幼喜爱历史，由于家近清东陵,60年代就对清东陵产生了浓厚的兴趣,并开始收集有关清陵的资料并进行研究,先后参加过乾隆裕陵地宫、慈禧陵地宫、香妃(容妃)地宫和纯惠皇贵妃地宫的清理工作,亲手找到了香妃(容妃)的头颅骨。1984年亲手整理过慈禧的遗体,专著有《清东陵史话》、《清西陵史话》、《清朝皇陵探奇》、《清东陵》、《清西陵》、《正说清朝十二后妃》、《正说清朝十二帝陵》、《解读清皇陵》、《清皇陵地宫亲探记》、《大清皇陵》、《大清皇陵秘史》等,曾长期担任清东陵文物管理处研究室负责人,现任中国紫禁城学会理事,国家自然科学基金资助项目《明清皇家陵寝综合研究》专家组成员。近些年来,徐广源先生一直致力于呼吁国家抢救性清理康熙景陵地宫。对此,他在书中这样陈述自己的理由:

一、抢救地宫建筑的安全 康熙景陵位于昌瑞山比较严重的地质断层地段,其地理位置比乾隆陵的还要危险。国家地震局为了测试这段地址的地震情况,特意在景陵西旁设立了一个地震观测点。而据进入过康熙地宫的李正所说,康熙陵地宫的石门已经有了明显的错位,抢救地宫建筑已势在必行。

二、安装排水设施 从以往清理地宫的经验来看,景陵地宫中的陪葬品一定会有一些残存。这样不仅可以把这些很好的保存起来,还可以在景陵地宫中设置排水的设施,这样才能长久地保护地宫的安全。

三、研究康熙地宫的规制 可以通过地宫的建筑规制和陪葬物品的价值和数量,初步了解清初帝陵丧葬礼仪变化的过程。并且可以根据残存的棺椁,研究清制棺椁的起源和延续历史的根源。因为清初帝王都是火葬的方式,不需要棺椁,棺椁的使用是从景陵开始的。

四、死者亡灵安宁 康熙帝在历史上做出了卓越贡献,而其死后不仅珍宝被盗,抛尸棺外,就是残存下来的尸骨,依然是被臭水浸泡,与声誉相差太远，令世人寒心。清理景陵地宫，重殓康熙帝及其后妃遗骨，也是对康熙大帝的一种安慰和敬重。

在最后，徐广源这样写道：保护文物是我们应尽的义务，学术研究是我们事业的需要，而抢救濒危文物是我们的历史责任。亟盼上级文物文管部门尽快清理景陵地宫。

网友大讨论

重视景陵地宫的安危，决不是危言耸听，而是保护文物尊重历史的真切呼声，这一话题得到人们的广泛关注，在互联网上掀起了一场大讨论。

一个署名李宏杰的网友率先在网上写道：

景陵是清朝康熙皇帝爱新觉罗·玄烨的陵寝，位于唐山遵化马兰峪清东陵昌瑞山脚下。

康熙皇帝可谓是一个家喻户晓，妇孺皆知的人物，他是一位集中国封建帝王之大成者。

康熙皇帝治政精勤，一生极为好学，在位六十一年，是中国在位时间最长的一位皇帝，他开创了中国封建社会最后一个盛世——“康乾盛世”。

在康熙皇帝统治时期中国可谓是中原安宁，边疆稳定，人口众多，民族团结，国土辽阔，国力兴盛，百姓安居乐业！

一个集中国封建帝王之大成者，一个有功于华夏人，一个推进历史进程的人，如今仍在与水患做着持久的“战争”，这样的局面我们心里怎能安然受之任之呢？

……

我认为景陵的发掘清理是相当有必要的，只有发掘清理才是对先人康熙皇帝的真正的尊敬！才是对景陵地宫的真正的保护！才是对历史的真正的敬畏！才不会让后代遗憾！

网友养心寡欲：

在中国，让后代遗憾的事做的还少吗?难道还会嫌多这一处遗憾!?

网友体元主人：

最近还听说要开秦始皇陵，遭到很多网友的反对。最主要现在的保护技术还不足以开。但景陵与秦始皇陵的情况不同。

网友乌云珠：

我个人非常赞同对景陵地宫进行保护性清理，非常认同徐广源老师的观点。除特殊情况外，国家为了文物保护的需要，禁止一切陵墓的发掘。但是景陵情况特殊，完全可以进行抢救性发掘清理。如果再来一次类似唐山的地震，景陵也许真的成了废墟。我们只能永远地与景陵说再见了。在情理方面，景陵被盗后，地宫内的棺木遭到了盗墓贼严重的破坏，或许康熙的棺木已散。现在有很多影视剧作品都在歌颂千古一帝康熙辉煌的一生，他作出的贡献是有目共睹的。他开创了一个盛世、一个时代。就是在国外，康熙帝也是一位知名度非常高的中国帝王。做为一个中国人，为我们历史上能有这样一位杰出的帝王感到非常的骄傲和自豪。可是谁曾想到，这位大帝现在正躺在破烂的棺木中或许连棺木也没有了，成为一具地宫浮尸，长期浸泡在石灰和泥浆水中……

网友冥想：

景陵是很应该发掘的，因为它很有研究价值，千古一帝泡在臭水当中始终不是一回事，国家应该重视！

网友童亭：

不管从哪个角度说：景陵地宫的清理都是很必要的，徐老师在书中已经讲得很清楚了，希望有关部门早日关注。别让我们的文物都烂得不成样子了再去后悔。强烈支持徐老师，大声呼吁保护文物、保护古建筑，让千古一帝真正安息。

网友体元主人：

徐老师，我们能做些什么吗??怎么样才能让文物部门重视起来?!康熙的遗骸不能一直这样泡着，我们该怎么做???

网友后街的道道：

如何才能让文物部门重视景陵地宫?? 虽然力量微薄，但总不能坐视不理，我心不安……代体元发的，我们两个现在对景陵实在是想疯了!!谁来保护!

网友 Lmchamissosi：

我想问一下，是不是到现在都不知道景陵内到底怎么样了?

和景陵同时被盗的惠陵里，同治皇帝和皇后的尸骨都在，但是衣服都没了，因为这两个人入葬时间较短，可能骨头之间还有肌肉存在，还有黏附力，所以盗墓的人在拉他们的衣服的时候尸骨不容易散架，反观早期入葬的乾隆，其裕陵被盗后，整理的人发现乾隆和皇后、皇贵妃们的尸骨(除孝仪外)混杂在一起。

我一直觉得，说不定景陵内的情况就和当初看到的裕陵一样，康熙和他的 4 后 1 妃尸骨混杂在一起，乱七八糟地堆积在地上。甚至更糟糕的是景陵地宫还长期泡在水里。

我一想到就觉得很恐怖，为什么到现在还不开景陵呢?景陵的情况糟糕至极是毋庸置疑的啊！难道就让那堆白骨一直泡下去吗?国家文物部门为什么至今置若罔闻，无动于衷呢?

第七章　永不消逝的历史

康熙，这个词汇现在已经成为“爱新觉罗·玄烨”的专有名词，只要一提到这个词语，人们自然就想起这是清王朝入关后的第二个皇帝。康熙朝是清代历史的鼎盛期，他本人的历史功绩是不可磨灭的。“康熙”这个词汇，已成为清代历史的标志。

康熙“圣祖”庙号的由来

在我国历史文献中，对前代帝王多不称姓名或尊号，都称庙号、谥号或年号。称呼时，庙号常常放在谥号之前，同谥号一起构成已故帝王的全称。如汉武帝的全称是：太宗孝武皇帝，隋文帝的全称是：高祖文皇帝。

“康熙”是爱新觉罗·玄烨在位期间使用的年号。年号是从汉武帝刘彻开始设置的。汉武帝以前的皇帝，纪年都用甲子，没有年号。在汉武帝之后，皇帝才有了自己的年号。如“顺治”，就是爱新觉罗·福临的年号。

康熙皇帝神牌

“圣祖”是康熙死后的庙号。庙号是皇帝死后其神牌升祔太庙后所得到的称号。一般称某祖某宗，这就是庙号。太庙是死去的君主接受其后代子孙和群臣朝拜的地方，因此只有皇帝有庙号，而后妃王侯是没有的。定庙号的原则是：开国皇帝和初期建立并有殊勋的皇帝，多称为“祖”，后来的嗣位守成皇帝则称“宗”。

康熙皇帝是清入关后的第二个皇帝，因为第一帝顺治已经称为“世祖”，那么按照旧典，康熙帝死后庙号应该称“宗”，但是在雍正帝的坚持下，依旧被定为“祖”，称康熙为“圣祖”。

康熙六十一年（公元1722年）十一月二十四日，雍正对康熙为什么称“祖”是这样解释：“我皇考大行皇帝缵继大统，旧典本应称宗，但经云：祖有功而宗有德。我皇考鸿猷骏烈，冠古铄今，拓宇开疆，极于无外，且六十余年手定太平，德洋恩溥，万国来王，论继统则为守成，论勋业实为开创。朕意宜崇祖号，方符丰功。”这几句话的意思是说：“我父皇继皇帝位后，死后按照旧有的规定，应该称为‘宗’，但是古典说的是‘称祖是有功的人，而称宗则是有品德的人’。我父皇在位时间60余年，不但有功而且有品德，这两点他都占有了，所以我的意思就是称父皇庙号为‘祖’，只有这样才能表达出他对大清国的贡献无法估量。”于是，众大臣在雍正帝的授意下，尊康熙庙号为“圣祖”。康熙帝的谥号全称为：合天弘运文武睿哲恭俭宽裕孝敬诚信中和功德大成仁皇帝简称：仁皇帝。

尊康熙帝为“祖”，是因他有开疆扩土之功，御驾亲征，击退噶尔丹，又能治国安邦，善于管理。他运筹帷幄，决胜千里，取得了对三藩、沙俄的战争胜利。收复台湾，显示了康熙卓越的军事指挥才能。而“圣”在这里则是指道德智能极高超的理想人物。

雍正皇帝朝服像

康熙帝八拒上尊号

尊号又称徽号。所谓尊号，就是尊崇皇帝的称号，是封建社会对帝王、皇后、皇太后的美称。它的特点是，帝、后在世时由大臣所上，因而有褒无贬，全由尊崇褒美之词组成。当然，帝、后出于谦虚或厌烦也可以宣布作废。尊号只能用于生前。

在我国历史上，给皇帝上尊号不乏其例。如武则天的尊号是“圣神皇帝”。唐玄宗的尊号是“开元神武皇帝”。皇帝不一定都有尊号，只有皇帝对国家有重大贡献，或因高寿、在位年久等，才会上尊号。

清初,也有为皇帝上尊号的事情。公元1616年努尔哈赤在赫图阿拉建立后金政权，建元天命。贝勒群臣给努尔哈赤上尊号为“覆育列国英明皇帝”。公元1636年皇太极建国号大清,改元崇德,正式称帝。群臣给皇太极上尊号“宽温仁圣皇帝”。

康熙皇帝是我国封建社会末期的一位杰出的君主,在位61年,文治武功,政绩卓著,被誉为“康熙大帝”。大臣们先后给他8次上尊号,都被他拒绝了。这八次上尊号的情况是这样的。

第一次,康熙二十年(公元1681年)十二月,历时8年的三藩叛乱被彻底平定了,国家重归统一。这可以说是清朝入关以来的一件重大喜事。尽管康熙皇帝只有20多岁,但他临危不乱,沉着冷静,指挥若定,显示出了政治家和军事家的天才。平叛胜利后,大臣们几次要求给他上尊号。他告诫大臣们说:“若大小臣工人人廉洁,俾生民得所,风俗淳厚,教化振兴,天下共享太平之福,虽不上朕尊号,令名实多。如一切政治不能修举,则上尊号何益!朕断不受此虚名也!”。

第二次,康熙二十二年(公元1683年)十月,群臣以收复台湾,请加尊号。康熙皇帝说:“治天下之道,但求平易宜民而已,何用矜张粉饰?且吴三桂剿灭后,颁赦未久,今又以升平行赦殊觉太烦。朕但愿以平易之道,图久安长治,不愿烦扰多事。”他谕令上尊号之事“不必行!”

第三次,康熙二十六年(公元1687年)正月,喀尔喀土谢图汗察罕、车臣汗纳尔布及七旗济农、台吉等合疏请上尊号。康熙帝令理藩院传谕:“……但众汗、贝勒等宜仰体朕一视同仁、无分中外至意,谨识朕谕和之旨。自兹以后,无相侵扰,亲睦雍和,永享安乐,更胜于上朕尊号也。况前者内外诸王、贝勒、大臣等请上尊号未经允行,此所奏请亦不准行。”

第四次,康熙三十六年(公元1697年)五月,康熙帝第三次御驾亲征噶尔丹，获得了巨大胜利。众臣要给皇帝上“圣神文武大德广运皇帝”尊号。康熙帝十分坚决地表示：“朕御极四十年，自始至终孜孜不倦。方今外寇既清，正宜休养生息。徒加尊号，何益于治？不必行，毋复奏！”

第五次，康熙四十一年（公元1702年）十一月，以明年是皇帝五十万寿，众臣要给上尊号。康熙帝明确指出：“朕即位四十余年来未尝一刻不以民生休戚为念，远迩安宁为本。若夸耀功德，取一时之虚名，大非朕意！不必敷陈。”众大臣再三奏请，仍不准行。

第六次，康熙五十年（公元1711年）三月，以恭遇万寿圣节，临御五十年，诸王大臣及生监百姓等向正在畅春园的康熙皇帝合词奏请说：“兹五十年春恭遇万寿圣节，臣等佥谓皇上之竣德弘功，实与帝尧比隆。敢举圣神文武大德广运二语恭上尊称，以窃比于尧臣颂君之义。”康熙帝再一次向臣庶们表达了他对上尊号的看法。他说：“朕之御极年久，皆祖宗厚德景福积累留贻之所致。至于请上尊号，特虚文耳。于朕躬毫无裨益。史书所载加上尊号等事徒为先儒所讥，有何善处而欲行之？”

第七次，是在康熙五十一年（公元1712年）十一月，群臣以明年为皇上六十万寿，请上“圣神文武大德广运皇帝”尊号，再一次遭到了康熙皇帝的拒绝。他对众大臣说：“朕临莅日久，每于读书鉴古之余，念君临天下之道，惟以实心为本，以实政为务。若侈陈功德，加上尊号，以取虚名，无益治道。朕所不喜。前诸王大臣等屡有奏请，朕曾手书批示，谕以断不允行。前旨甚明。”

第八次，康熙六十年（公元1721年）三月，诸王大臣以皇帝御宇六十年，第八次奏请加上“圣神文武钦明睿哲大孝弘仁体元寿世至圣皇帝”尊号。康熙帝对大臣们屡次给他上尊号极为反感，他揭露了上尊号的实质，他说：“从来所上尊号不过将字面上下转换，此乃历代相沿陋习，特以欺诳不学之人主，以为尊称，其实何尊之有？”他又说“本朝受命以来，惟有爱养万民为务。”“当修省图治，加惠黎元，有何庆贺？”“此奏庆贺无益，不准行。”

康熙皇帝作为一名封建帝王，屡拒尊号，不务虚名，注重实际，时时以万民为念，实在难能可贵。他的这种做法为他的子孙树立了榜样。其孙乾隆皇帝续父祖之余烈，“振长策而御宇内”，励精图治，开疆拓土，威震四海，五功十全，将清王朝推向了强盛的顶峰。其臣下先后四次要为他上尊号，都被他拒绝了。乾隆皇帝说：“我圣祖仁皇帝平定三藩，及恭遇庆节，从前臣工等屡有以尊号为请者，圣祖皆却而弗许，训谕煌煌，实可为万世法。今朕特豫行降旨，将上尊号一事停止。此即朕效法皇祖之心。”道光八年(公元1828年)群臣以张格尔叛乱被平定，红旗报捷，元恶生擒，要求给道光皇帝加上尊号，道光皇帝也是拒而不受，这也是受康熙皇帝的影响所致。以后清朝再没有人提要给皇帝上尊号之事了。

康熙帝提前写遗诏

生老病死是不可抗拒的自然规律。这就是说，人不管地位多么显赫，身份如何高贵，终究难免一死。皇帝也是人，不是神，因此也会生老病死，民间有生前为自己立遗嘱处理后事的说法，那么作为最尊贵的皇帝呢？

在我国封建社会里，大多数皇帝在临死前要写遗诏，总结自己一生的功过，安排将来的后事，确定皇位的继承人，规定丧葬制度等。皇帝驾崩后，颁发全国和附属国。遗诏一般由皇帝口授，由皇帝指定的心腹重臣代笔，实际上皇帝病危，需要写遗诏时，或已口不能言，或神志不清，或昏迷不醒，或猝然死去，在这些情况下，只能由文臣代写遗诏，这种遗诏，往往不能真实地表达出先帝的意愿，甚至被反对派利用，起到宣传反对派观点、歪曲先帝真实思想的作用。一些研究清史的专家现在还认为顺治帝的遗诏就是他死后由他的反对派人写的，所以顺治帝的遗诏成了他的罪己诏。

康熙皇帝鉴于历史教训，不以死为忌，决心趁自己清醒之际，采取汉族文化中子孙成家立业、分家产提前写遗嘱的形式，自己提前写遗诏。康熙四十七年（公元 1708 年），康熙帝就开始在思想上进行准备，平时生活和朝政的点点滴滴，自己认真总结，随时笔记，精心收藏，10 年之间，从不间断。康熙五十六年（公元 1717 年）十一月，康熙帝卧病在床，此时遗诏准备工作基本就绪，他决定在自己清醒之时，把已写好的遗诏基本内容公之于世，让海内臣民能了解自己的真实思想，避免将来一旦猝死，别人矫诏篡改。当月二十一日，康熙皇帝把众皇子、满汉大学士、九卿、詹事科道等大臣召进乾清宫东暖阁，当众宣布了他准备了 10 年之久的遗诏。首先他讲明了提前写遗诏的原因，他说："自昔帝王多以死为忌讳。每观其遗诏，殊非帝王语气，并非中心之所欲言。此皆昏瞀之际，觅文臣任意撰拟者。朕则不然，今欲使尔等知朕之血诚耳。"接着，他从大清国开基立业夺取天下，讲到他在位 56 年的政绩；从他日理万机，用人行政，讲到他的日常生活起居，旁征博引，评古论今，洋洋数千言。最后他说："尔等大小臣工，念朕五十余年太平天子，惓惓叮咛反复之苦衷，则吾之有生考终之事毕矣。此谕已备十年，若有遗诏，无非此言。披肝露胆，罄尽五内，朕言不再。"康熙皇帝的这篇感人肺腑的遗诏主要包括了五个方面的内容：一是在位久、高寿。二是勤于政事，鞠躬尽瘁。三是注重骑射，用武力统一和保卫国家。四是力戒奢华，崇尚节俭。五是不信祥瑞，讲求实政。康熙帝的自我总结和自我评价，基本符合实际，并无夸大和吹嘘之词。

过了五年零二天，康熙六十一年（公元 1722 年）十一月二十三日，康熙皇帝病逝于畅春园，终年 69 岁。死后所颁发的遗诏，除了增加了指定皇位继承人、规定了持服期限外，其内容与提前公布的内容基本相同。康熙皇帝讲求实际，不讳言死，提前写遗诏，这在中国历史上是不多见的。

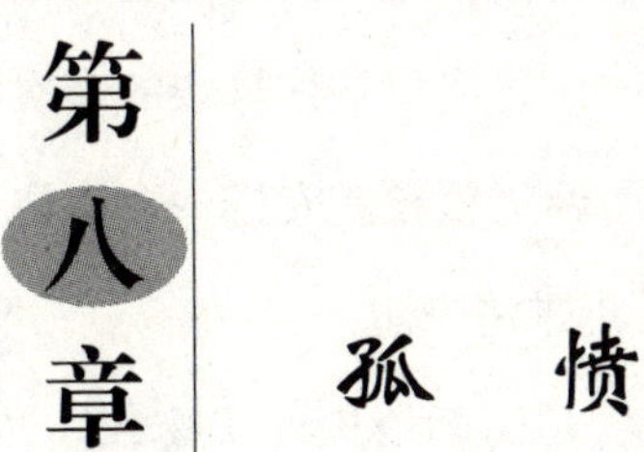

第八章 孤 愤

2005年8月，我离开了自己在清东陵工作过的最后一个岗位景陵妃园寝，我在清东陵工作的历史画上了句号。

那天早上，风和日丽，弟弟开车接我回家，我们把行李装上车，履行完交接手续，我久久地站在自己住了10个月之久的景妃园寝西班房前，望着熟悉的妃园寝宫门感慨万千：再见了，我的热土！再见了，我的挚爱！我知道……风萧萧兮易水寒，壮士一去兮不复还。我与单位其他的200人一样，在没有任何商量和回旋余地的情况下，就这样“被自愿”解除了劳动关系。

面对这熟悉的古老而神秘的土地，离别是注定的了，但是此时的脚步是那样的沉重，我已经深深地爱上了这里的一草一木，一砖一瓦，心中蓦然涌起了一股怅惘情怀。我流泪了，在清东陵我因为感受到了历史的魅力而获得了精神上的充实，我的真诚努力获得了属于自己的丰硕成果。没有哭泣的流泪，不能算作是哭。思绪时针拨回到了1993年。

1993年5月份，我高中毕业，没有参加高考而是回家务农，在家里只是埋头下地做农活，什么话也不说，也没有什么复杂的想法，很简单地过一天算一天。母亲看到我很孤单的样子，怕我忧郁，偷偷地对父亲说：找找单位领导，让鑫上班去吧！也好有个事情做，不寂寞，还能看看社会，有机会转个工作，也算是今后吃官饭的人了……父亲禁不住母亲的多次唠叨，终于找单位的领导把自己家的情况介绍了，希望领导能安排一个岗位。就这样，我被单位以“安排老职工子女”的身份走进清东陵。

清东陵是封建帝王的陵墓，是清朝历史的实物载体，它是历史创造的，同时也创造着历史。

刚开始，我并不情愿，但经过三个月时间的务农生活，我第一次向现实低下了头：我不能这样下去，不能老让父母操心，虽然自己知道到东陵上班只是一个负责保护陵寝和维护陵区治安的警卫。对许多人来说，现实生活与理想之间总是差得太多。靠山吃山，靠水吃水。父亲是研究清代陵寝的专家，而自己在没有任何工作经验和经济来源的情况下，如何干属于自己的事情？

在清东陵当警卫的岁月里，我经历了10多年的风风雨雨。警卫生活枯燥艰苦，收入又不高，我曾为此情绪低沉。时间久了，历史底蕴丰厚的清东陵带给我的充实慢慢就多了起来：自己是在看守皇家陵寝，是真正的守陵人，与其他人比起来，自己还是幸运很多呢，俗话说知足常乐。因为在东陵上班的人都知道我父亲是研究清代陵寝的，所以很多游客向他们提出来的问题，他们会向我打听，而我却不知道，只是记得小时候父亲给我讲的清东陵小故事，但这不足以解决游客提出来的实质性疑问。我只能向我父亲请教，这样日子久了，我也学到了很多清陵的知识，并且受父亲严谨的治学态度所感染，慢慢地自己在闲暇时也看起有关清陵方面的书来。

景陵留给人们太多的传奇故事。比如，大碑楼如何发生的火灾。下雨的时候，人们往往站在路边的被大火烧毁的景陵大碑楼门洞避雨，谈论着雨的大小和雷电的凶猛。传说当初大碑楼被烧毁的时候，雨泼水一样，可是火依然燃烧得那么凶猛。大碑楼上藏着一个女妖怪，雷电击了好几次才把那个妖怪击中，但也击毁了大碑楼。景陵地势低洼，周围山势含有丰富的铁矿资源，在空旷的地区，只有高层建筑才容易发生雷击现象，而大碑楼的顶层为了防止雨水的渗漏，在琉璃瓦下面铺了一层铅锡合金的金属片，这就很容易导电，大量的电量无法释放出去，短时间高电量的聚集就会引发热量的产生，大碑楼的上层框架都是木件结构，极容易发生火灾。缺少文化和一定自然常识的人们，就把火灾的发生附会到妖魔鬼怪身上了。

还有，景陵地宫虽然有着齐腰深的含有石灰浆的泥水，寒冷彻骨，但泡在水里面的棺椁，却能喷发出大火来，烧伤盗墓的匪徒。康熙陵地宫的人是用棺椁葬入的，而妃园寝有火化葬入的。景陵妃园寝不但有空穴，还葬有皇帝的 8 岁儿子，为什么把儿子葬在妃子陵里面而不封不树呢？这里面有什么隐情呢？伫立在景陵东侧一里远的地方的景双妃园寝，不但陵寝建筑规格特殊，内葬人物则更为传奇。康熙爱美人，居然把自己的两个姐姐霸占为妻……

当然，那时候只是简单地知道康熙帝是被害死的传说，而现在对这种说法深信不疑，只是苦于证据的收集难。我写这本小册子时就想，如果能得到康熙帝的遗骨，是否还能化验呢？是否康熙帝的遗骨在含有各种复杂成分的臭水中能保存？遗存下来的遗骨是否被破坏？这很可能揭开康熙是否时被害死的谜团，还有可能揭示雍正帝改建陵寝于西陵是否心存不安？康熙帝棺椁被盗时发生喷火的现象，那么其他的棺椁为什么没有？如果说康熙棺椁设置暗道机关了，那么是谁设置的？康熙还是雍正？雍正的泰陵地宫棺椁是否也设置相似的机关？棺椁在泥水里浸泡那么多年为什么没有失效？

一个人,一句话,一个决定,也许改变人的一生。

1998 年,我调到了二郎庙工作,其间认识了一个叫王志阁的同事,我们很谈得来,很快我们就成为无话不谈的朋友。闲暇时他就对我说:“你怎么不自己写书呢,你的父亲出了好几本书了,你也可以写作啊!”我笑了:“我哪有那才能呢?写作可不是一件很容易轻松的事情啊,你以为是讲故事呢!”这是第一次有人在我面前谈写作,我也想,可是自己真的没有那才能和研究的脑筋。

2000 年 11 月份,我在父亲的陪同下去北京看病,其间有幸来到了中国著名考古纪实文学作家岳南先生的家里,并在岳先生的家里小吃了一顿。在岳先生的家里,岳先生侃侃而谈的大家风范,使我深受其感染。那时刻,自己在内心中就想试一试自己写作。岳南先生是指引我走向研究兼创作的启蒙老师。

回到清东陵的时候,我开始细心观察清东陵,并苦苦思考清东陵的历史魅力所在,我觉察到了历史魅力的同时,也发现到了清东陵研究上的一些空白。清东陵的地宫虽然开放已久,可还没有一本专门写地宫的书。这时候的我开始构思写作了,专门写清东陵地宫发掘过程和研究结果的创作。

士兵要有枪,才能打仗。我也一样,我需要自己的武器:那就是一台电脑。

2002 年 8 月,我为了自己能有个良好的环境,请假停职,专心在家里写作。为了写作,自己借钱买了一台电脑,一面学习电脑,一面开始了自己的写作生活。8 个月的时间过去了,《走进香妃墓》的书稿写出来了,辛勤的汗水换来了第一本书的成功,而此书一出版,就在社会上引起了很大的反响,现在网上很多的资料和观点都是摘自《走进香妃墓》一书。看到自己的名字第一次这么近距离地贴近自己,贴近生活和工作,当时的喜悦是难以用言语表达的。于是默默下定决心:我还要继续写下去,为自己的爱,也为自己的生活。

“二哥,你在干什么?我们回家吧!”弟弟的一声呼叫,我才清醒过来了,偷偷地擦干眼泪,坐上了车。车子慢慢启动了,回头望着景陵妃园寝,我热爱的清东陵在泪水中远去。

《周易》上说:“天行健,君子以自强不息。”清东陵,我还要为你继续创作,因为我的生命里有你。康熙帝的景陵,我一定要在有生之年把你写出来,因为你是我离开清东陵前的最后一站岗位。

离开了清东陵,我孤独但不寂寞,因为爱已经深深地根植在我的心里了,因为自己心中有爱,在家的日子,自己依旧喜欢写作,通过自己的文字把自己的爱写出来,用自己辛勤的汗水,最大限度地继承和宣传祖先的文化遗产,呼吁和倡导保护它们。

清东陵,世界文化遗产,究竟该怎么样才能最有效地保护?才能使之继续延承中华文化呢?我思考着,并为之孤愤着:答案在哪里?大清王朝虽然只是我国历史长河中的一小段,不足以代表着整个中华民族的五千年历史,但其将近三百年的时空毕竟给喧嚣与寂寞的世界留下了一丝散发着欢乐、凝结着悲哀的痕迹,循着这单单的痕迹,我将继续按照记忆中的思绪记录清东陵固有的真实历史。

附录一

景陵圣德神功碑碑文

皇天眷佑我国家显谟盛烈，世世相承。太祖、太宗肇基东土，缔构鸿图。世祖混一寰瀛，克成骏业。笃生我皇考皇帝，亶神圣之姿，立君师之极，大德广运，健行不息，至明如日，至仁如天，集皇王之大成，亘古今而首出，书契以来，罕有伦比，以扬列圣之耿光，以裕我无疆大历服。予小子缵承基绪，既奉册宝恭上尊谥。惟山陵礼毕，宜建穹碑，颂扬功德。钦惟我皇考临御六十余年，厚德崇功，布濩宇宙，盈溢简牒，巍巍乎，荡荡乎，不可殚述。谨掇大概，镌勒贞珉，用昭垂于亿万祀。叙曰：

圣祖合天弘运文武睿哲恭俭宽裕孝敬诚信功德大成仁皇帝，讳玄烨，世祖体天隆运定统建极英睿钦文大德弘功至仁纯孝章皇帝第三子也。母孝康慈和庄懿恭惠温穆崇天育圣章皇后在妊时，孝庄文皇后见孝康章皇后衣裾若有龙绕，知为毓圣之祥。逮降诞之辰，异香盈室，经日不散，五色光华，与日并耀，宫人、内侍咸所瞻仰。天表奇伟，耳大声洪，双瞳日悬，隆准岳耸，肤理莹白，皎然玉质。举止严重，性度恢宏。敦敏聪明，出言中理。辛丑正月嗣登大宝，时甫八龄。孝庄文皇后问所欲，对曰："惟愿天下乂安，兆人乐业，共享太平之福。"孝庄文皇后动容嘉叹，知能荷神器为生民主也。自初读书，十行俱下，略不遗忘。讲幄既开，日与儒臣论难往复，虽烈暑冱寒，未尝暂辍。焚膏继晷，常至中宵，逊志覃思，好古敏求，勤笃甚于儒素。谈经评史，发挥道奥，流览之功，遍于七略。爰及纬象、声律算术，百家之书，莫不触类洞彻，得其精要。故知性、知天，察人伦而明庶物，虽一名一物，皆研究精微，而一以贯之。敬天尊祖，禋祀必亲，齐明盛服，率礼无怠。至年逾六十，颇艰拜起。冬至上辛祫祭，群臣恳请遣官恭代，犹必亲诣，省视陈设，行迎神之礼；退居斋幄，默致精诚，俟礼毕，然后旋辂。天性纯孝，事孝庄文皇后垂三十年，致爱尽诚，委曲周至。从幸时，乘马不离左右，遇道路少仄即下马扶辇，逾岭则扶掖升降，弥加恭谨。康熙二十六年冬，孝庄文皇后圣体不豫，皇考亲尝汤药，席地而坐，目不交睫，衣不解带者三十五昼夜。逮疾大渐，自撰祝词，步祷南郊，请减己算，以延慈寿；伏地诚恳，泗涕交颐。至居庐时，哀瘠过甚，不盥沐者数十日。释服后，仍处偏殿，衣布素。恭送龙輴，每日必步随数里，朝夕痛戚如初丧。终身思慕，每一言及，声泪俱发。事孝惠章皇后垂六十年，备极孝养。省方江南，避暑塞外，必奉銮舆以行。康熙四十九年，孝惠章皇后寿跻七旬，皇考亦年近六旬矣。正月元夕，宫中张灯设筵，躬亲起舞，称万寿觞，中外传为天家盛事。友爱裕亲王等，同问安慈宁宫，每序家人之礼，亲亲之谊，久而弥笃。其疾也，屡亲视之；其薨也，亲临之。宗室中用其才俊，而礼其高年；无爵位者亦有常廪。自康熙六年始亲政事，未明求衣，日昃忘食，数御门，延见公卿，详论得失，综理万几，日有常程，靡所稽滞。尝于巡幸之次，章奏未至，秉烛以俟，或于四鼓披览达旦，遂忘寝息。孜孜图治，不自遐逸，历六十余年，终始惟一。虚己求言，以广视听，片词之善，必蒙采录。或星象示异，水旱为沴，即命群下直陈，休咎所起，无所隐讳。又命督抚诸臣，密奏地方利弊，所宜兴罢者，虽在万里之外，周悉情状，视若目前。审官班禄，必惟其当。内自六卿之属，外自县令以上，临轩召见，观其可否，然后命之。其以清修苦节著闻者，立行甄擢，以劝有位。介胄之士，无大小必亲试其能，开霁天颜，从容询问，寸长微绩，并加奖励，人皆感激自奋。圣性天授，一经觐谒，历久不忘；故文武之选，程材使器，官得其人，人称其职。皇考智勇天锡，妙算如神，三逆未叛之前，即烛其终为悖逆，宜蚤定大计。遣大臣趣召之，吴三桂果反，耿精忠继之。乃宣睿略，简禁兵守荆州、安庆、镇江为声势，命诸王大臣为大将军，分道并进。三桂自出至衡州，湖南皆陷；王师扼之于岳州，用战舰据江湖，断贼饷道。三桂忧怖死，遂拔岳州，尽收湖南地。由陕西取汉兴，定四川，明年定贵州，又明年定云南。逆孽自焚，余党悉平。精忠兵出仙霞旁，扰温台，大兵遏之衢州，屡摧其锋；逐北入仙霞，顺流而下；精忠自缚军前，温台贼悉破散。尚之信最后反，王师北自韶州，东自潮州蹙之。之信束身乞降，其间孙延龄陆梁于桂林，王辅臣溃乱于宁羌，戈铤所指，不久就俘。当贼势之炽，大江以西，五岭以南，悉为贼踞，烽火几半海内。皇考默运神谟，不动声色，八载之间，再定寰宇，廓清氛翳。耿精忠之乱，郑经自厦门盗踞下游三府；精忠败，大兵乘胜复三府。经遁归厦门，越二年克厦门。经循归台湾，以海舟守澎湖为门户。皇考决策命帅，治艨艟，以六月乘北风攻澎湖，再战破之。台湾震詟乞降，遂以其地为郡县。海氛起于明季，自郑成功窠穴兹岛，传子经及其孙，历三世，出没为闽南患，至是悉靖。察哈尔部布尔尼者，元之遗裔，其先世纳款献传国玺，故荷特恩，尚主封王。父阿布奈渐为狂恣，皇考不忍置诸法，羁诸盛京，俾布尔尼袭封，召之不至，遂以所部叛。遣将率禁旅讨之，两月之内，歼厥渠魁，招抚其众，北藩以宁。俄罗斯夙慕德化，奉职贡。乃其边人罗刹踞雅克萨城，纳我逋逃，以扰索伦。兴师徂征，拔其城，纵其俘，振旅而还。会俄罗斯之国王遣使，上疏谢罪；命大臣往定边界，东北数千里延及海边，胥隶版图。厄鲁特者，元之牧牲人也；其头目噶尔丹，枭桀习战斗，劫服诸番，残回子数百余城；复与喀尔喀构难，潜劫其众，故喀尔喀七旗数十余万众，皆称臣内附。皇考亲巡塞外，受其朝谒，锡之名爵，颁谕两部落，息兵宁人。噶尔丹顾顽梗弗率，以追喀尔喀为名，阑入边界。皇考计安藩服,躬申天讨,以康熙三十五年春,亲统六师,由中路直抵克尔伦;料贼必逸而西;别遣大将由西路进兵图拉。噶尔丹闻天兵至,弃其辎重,连夜西奔,恰遇西师于昭木多,大破之。噶尔丹收拾余众,窜伏穷荒。其冬,车驾再出,至鄂尔多斯,遣使招附。明年春又出宁夏,循贺兰山、哈密,擒其子以献,其族类丹济拉等潜输诚款,师次狼居胥山。天兵四布,噶尔丹势孤援绝,仰药自尽。丹济拉携其遗骸及子女人口来归,朔漠荡定。其兄子策妄阿喇布坦素与噶尔丹有隙,乘其南发,潜踞其地,诱至逋逃,种类渐滋。因图青海诸部及西域诸番,暗遣人攻拉藏杀之,掠据藏地。皇考以太宗文皇帝时,班禅额尔德尼、达赖喇嘛知东土有圣人,遣使归命,追念厥诚,不可以勿救。于是分遣将帅率西宁诸路之兵自青海入,四川、云南之兵自拉里入,整旅前躯,不遗一矢,遂定藏地。复达赖喇嘛之位,安西域之众,其他西番诸国无不欣喜感戴,委贽恐后。轸念东南水患,屡勤翠华,躬视河淮;每步长堤,或驾小舟,周回观览,高下险易,瞭若指掌。授策河臣,罔不奏效。开中河以避黄河百八十里之险,治下河则疏人字芒稻河注之江;浚虾须诸沟,注之海。治清河则培高堰,塞六坝以畜其势。开张福口、裴家场以畅其流;治黄河则浚云梯关以通海口。筑挑水坝开陶庄引河以导其北向,筑减水坝,修盐河以泄其旁溢。于是淮不东漫而北敌黄。黄不南灌而东趋海。下河七州县化浸为沃,农桑遍野。漕艘商舶,上下数千里安若衽席。其在畿辅之内,则隄子牙而漳滏滹沱无泛滥,开柳岔口而卢沟不横决。皆皇考频年巡省,面授经画,用讫于成绩。勤求民瘼,凡所在旸雨之期,封疆大吏随时奏闻,偶有旱潦,无不周知,账恤之恩,不稽旬日。筹画详尽,溥遍优渥。虽有愆伏,而民忘其灾。远至蒙古诸藩,并廑睿虑,分遣使臣,教以网罟耒耜之利,俾知鲜食艰食。每闻积雪荒欠,即赐之牲畜米粮,咸获赡给。康熙三十六年,朝鲜以大饥告,截河南漕米,由登州泛海,发盛京仓储,合水陆运致数万石,平粜赐赉,凋瘵尽起,举国忭庆。蠲租之诏,无岁不下,所在灾伤,见告即与减除。积年逋负,辄免追征,积算无虑亿万计。人用底于殷阜。四十八年特敕递免天下地丁钱粮,三岁而遍,八埏之内,次第沾被,宽仁之泽,浃于黎烝。隆冬停流遣之期,盛夏解囹圄之禁;法司奏谳,多所矜释,和气熏陶,万方康泰。至于三藩之乱,所全宥不可胜纪。明降敕谕:尚之信、耿精忠罪大恶极,法应及族。但念尚可喜、耿仲明航海归诚,著有劳绩,其兄弟俱从宽免罪,属下人有父子兄弟在贼中者,一无所问。又如噶尔丹子女,赦勿诛,俾子有室,女有家,仍官其子。自秦汉以来,叛逆之条,蔓及宗室,横枉无辜。皇考弘旷荡之恩,遂除二千年诛戮惨酷之弊,慎兹祥刑。复于三代兴行教化,申之以告诫,御制训饬士子文刊于学宫,圣谕十六条颁于州县,训词深厚,丁宁周至,士习民风于焉丕变。崇敬先师,表章前贤。东巡狩至于兖州,亲诣阙里致祭孔子;拜跪之仪,有加于往代。广贤裔博士之封,宋儒周邵、二程张朱,皆称子而不名;升朱子祀于堂,寿考作人。开乡会试者,各二十有二科。髦俊蔚兴,相继辈出。增江浙入学名数,广直省乡试解额;文思光被,苗瑶之秀,隶籍黉宫,岛上君长,遣子弟就业辟雍。穷山越海,靡然向风。右文籍古,命儒臣纂修周易折中。图象卦爻之蕴,亲加论定。又修书诗、春秋传说汇纂,性理精义、朱子大全,经籍之道,焕然大明。又亲授词臣,考订律历,历得合天,律谐真度,诚万世不易之法。按北极之高,测地理南北东西差,得皇舆全图。其他编辑卷帙繁富,充于内府。听政之暇,喜操翰墨,文成典诰,诗为雅颂书迹。神运天矩,为百代楷模。阘五钧之弓,射大镞之矢,发则必中,中必洞贯。文事武备并臻其极,所谓天纵之圣,又多能也。致敬前代,礼逾常典,自夏商以迄元明帝王,膺历服者,咸入庙而享祀焉。前后南巡,亲祭明孝陵者三,又欲封其后裔,俾承世祀。予小子祗奉遗言,锡之侯爵,公卿大臣,戎行将帅,多服官至四五十年。皇考眷待耆旧,恩礼优渥,凡朝会燕享,庞眉皓首,济济盈庭,三代而下,诚为盛典。皇考自幼龄奉孝庄文皇后慈训,凡饮食起居、视听言动，皆有矩度，盛德自然。周旋中礼，端扆莅政。天颜肃穆，虽宫庭闲燕，一言一笑，不以假人。太和元气，充于四体；冬不炉而自温，夏不扇而手足未尝濡汗。正衣冠，尊瞻视，终日俨乎若思，逮于髦龄。圣敬日跻，享尚俭素，衣不辞浣濯，食不取珍异。宫掖人数至少，光禄寺一岁所费，较之前代仅十之一。服御器用，历久不易，未尝以故敝弃遗。巡幸所至，不烦民间一物；宫室舟舫，纯用朴斫，无丹青之饰。秉德谦冲，自平定三逆，肃清逆漠，凯旋告功，及五旬、六旬万寿节，五十、六十年宝历，国家大庆，诸王公文武臣僚太学生徒、京兆耆老，屡请恭上尊号，云集阙下，备陈丹悬；皇考频下谕旨，让而弗居。於戏，惟我皇考躬备圣德，久道化成，风教翔治，锡福蒸人，胥跻于仁寿，乃至鸟兽草木咸若。守成之业，恢于创造。拓开疆宇，广袤各数万里。在昔未宾之国，重译踵至，戴天履地，含生负气之伦，莫不尊亲。自有生民，盖莫盛于斯日者。然且兢兢业业，缉熙单心敬上。天之明威，察下民之视听，焦劳万务，未尝以天位为乐。忧勤惕厉，以迄于终身，是所以接尧舜禹汤、文武孔子之心传，优入圣域而仁覆天下也。康熙六十一年十一月甲午崩，圣寿六十有九。雍正元年九月丁丑葬景陵。谨拜手稽首而作颂曰：

惟我皇清，上天眷命。二仪凝祉，三朝笃庆。皇考绍烈，建中表正。亶聪亶明，乃神乃圣。翼翼昭事，仰格高穹。化将道赞，祭以诚通。虔承九庙，孺慕两宫。大孝备矣，至德光融。爰在冲年，夙成睿智。致泰之基，征乎言志。日就月将，古训是嗜。理数兼该，穷源抽秘。万几在御，八表君临。克勤于政，无逸为箴。求衣忘食，日昃宵深。虑周禹迹，事廑尧心。广听并观，树旌建鼓。无情不达，有善必取。四门攸辟，百司式叙。文采珪璋，武罗貔虎。苞有三蘖，怙势悖恩。默运神机，载奠乾坤。旆麾烽熄，弩指鲸奔。提封式廓，截海为藩。元裔速辜，不修厥职。禁旅一临，凶渠伏殛。罗刹扰边，边师讨贼。拔城纵俘，感恩怀德。维彼枭雄，构难比邻。比邻内附，稽首称臣。敢抗明诏，怙恶不悛。天子三征，扫荡边尘。蠢兹遗孽，构氛西徼。自持荒遐，狂跳纵暴。堂堂天兵，何幽不到。底定三危，恩同再造。瑶池之水，昆仑之岗。穷域绝漠，越海逾洋。书传所记，咸我版章。敷天率土，无不来王。睠念河淮，频乘四载。既安二渎，亦通百派。一授成功，万世永赖。胥乐同忧，仁膏遍沛。周诗时迈，虞典岁巡。省方询俗，辇路生春。蠲租赐复，岁有恩伦。惠心溥渥，益道平均。旸雨偶愆，恩泽已布。溯漠朝鲜，同沾膏露。象魏既悬，鸡竿屡树。贯索其空，桁杨可厝。德为善政，道在遗径。纡御东鲁，亲奠两楹。礼明乐备，桧柏增荣。光华复旦，天下文明。覃心四府，研精儒术。典籍大兴，英髦踵出。爰在玑衡，协时正日。玉振金声，审音调律。海涵地负，大哉王言。鸾骞凤翥，焕乎宸翰。文经武纬，异用同源。道高能博，艺备德尊。历代帝王，祀典弥厚。备列几筵，光延笾豆。修敬前朝，亲临钟阜。三恪垂封，烝尝有后。功勋耆旧，恩礼优容。庞眉皓首，济济雍雍。㧑谦克让，川受谷冲。穆穆其敬，安安其恭。六幕启宇，八垓肇域。维我皇考，忧劳靡极。三灵集祐，五纪膺历。维我皇考，克勤不息。贻我臣庶，食德难忘。贻我子孙，卜世无疆。昌瑞之山，峰峙川长。功德穹碑，天日同光。

雍正五年闰三月二十一日孝子嗣皇帝胤禛敬述。

笔者按：

孝陵的功德碑之中，对于追论睿亲王多尔衮之罪的事，只字未提。景陵的功德碑之中，对于鳌拜擅政之事，也是只字未提。在昌陵的功德碑文中，对于和珅的贪赃枉法，误国害民更是只字未提。铲除这些乱臣贼子，是当时的国家重大政治事件，是名副其实的先帝的伟绩神功。不知为什么在彰显先帝“神功圣德”的碑文中都缄口不言，讳莫如深？实在令人匪夷所思！

附录二

清代皇帝简表

年号	庙号与谥号	名字	生卒年	享年	在位时间	在位年数	即位年龄	陵名	地址	子女数		世系	生母	备注
										子	女			
天命	太祖高皇帝	努尔哈赤	1559~1626	68岁	1616~1626	11年	58岁	福陵	辽宁沈阳	16	8	显祖长子	宣皇后喜塔腊氏	生前称汗未称帝
天聪崇德	太宗文皇帝	皇太极	1592~1643	52岁	1627~1643	17年	35岁	昭陵	辽宁沈阳	11	14	太祖八子	孝慈高皇后	崇德元年称帝
顺治	世祖章皇帝	福临	1638~1661	24岁	1644~1661	18年	6岁	孝陵	河北遵化	8	6	太宗九子	孝庄文皇后	

续表1

年号	庙号与谥号	名字	生卒年	享年	在位时间	在位年数	即位年龄	陵名	地址	子女数		世系	生母	备注
										子	女			
康熙	圣祖仁皇帝	玄烨	1654～1722	69岁	1662～1722	61年	8岁	景陵	河北遵化	35	20	世祖三子	孝康章皇后	
雍正	世宗宪皇帝	胤禛	1678～1735	58岁	1723～1735	13年	45岁	泰陵	河北易县	10	4	圣祖四子	孝恭仁皇后	
乾隆	高宗纯皇帝	弘历	1711～1799	89岁	1736～1795	60年	25岁	裕陵	河北遵化	17	10	世宗四子	孝圣宪皇后	又当了三年太上皇
嘉庆	仁宗睿皇帝	颙琰	1760～1820	61岁	1796～1820	25年	37岁	昌陵	河北易县	5	9	高宗十五子	孝仪纯皇后	
道光	宣宗成皇帝	旻宁	1782～1850	69岁	1821～1850	30年	39岁	慕陵	河北易县	9	10	仁宗二子	孝淑睿皇后	

续表2

年号	庙号与谥号	名字	生卒年	享年	在位时间	在位年数	即位年龄	陵名	地址	子女数		世系	生母	备注
										子	女			
咸丰	文宗显皇帝	奕詝	1831~1861	31岁	1851~1861	11年	20岁	定陵	河北遵化	2	1	宣宗四子	孝全成皇后	
同治	穆宗毅皇帝	载淳	1856~1874	19岁	1862~1874	13年	6岁	惠陵	河北遵化	0	0	文宗长子	孝钦显皇后(慈禧)	
光绪	德宗景皇帝	载湉	1871~1908	38岁	1875~1908	34年	4岁	崇陵	河北易县	0	0	醇亲王奕譞第二子	叶赫那拉氏(慈禧妹)	
宣统		溥仪	1906~1967	62岁	1909~1911	3年	3岁	华龙陵园	河北易县	0	0	醇亲王载沣长子	苏完瓜尔佳氏	1995年迁葬清西陵华龙公墓

徐广源 制表

参考书目

《丧葬史话》张捷夫 著 中国大百科全书出版社 北京 2000年1月

《中国帝王丧葬》章用秀 著 百花文艺出版社 天津 1999年1月

《大清皇陵》徐广源 著 海南出版社 海南省 2007年9月

《正说清朝十二帝》阎崇年 著 中华书局 北京 2004年10月

《康熙皇帝一家》杨珍 著 学苑出版社 北京 1994年10月

《清东陵史话》徐广源 著 紫禁城出版社 北京 1997年9月

《清东陵大观》于善浦 编著 河北人民出版社 石家庄 2000年3月第2版

《清西陵》徐广源 著 中国水利水电出版社 北京 2005年7月第1版

《清宫档案揭秘》李国荣 主编 中国青年出版社 北京 2004年5月

《正说清朝十二后妃》徐广源 著 中华书局 北京 2005年8月

《清宫八大疑案》李秉新 石玉新 武永召 著 河北人民出版社 石家庄 1988年5月

《雍正称帝与其对手》金恒源 著 上海人民出版社 上海 2008年1月

《中国皇帝与洋人》郭福祥 左远波 著 时事出版社 北京 2002年2月

《清东陵三大盗案》孙伟 果瑞卿 著 中国人事出版社 北京 2003年3月

《清代皇帝读书生活》向斯 著 中国书店 北京 2008年1月

后记

这是我写的第6本个人专著，在新的书稿完成之际，我的心里只想痛痛快快地大哭一场，把这些年的心理压力和忍受了很久的不痛快都发泄出来。实实在在地说，30多年的人生过去了，我依然一事无成，一无所有，做人真的很失败。人生如戏，自己总还觉得没有长大成熟，人却已走向中年。往事如烟，回想过去，千头万绪，一些事情已经记不清楚了，一些事情则有意无意不再想，那些刻骨铭心终身难忘的却记忆如新，时刻在脑子里播放：2006年，就已把这本书安排在写作的计划之中，也许是命运的故意安排，计划一次次流产，一次次推迟，伤害不断，打击连续，自己迷失了方向，丢失了自己，自己也在那一时刻不再是自己，自己的生命也不再属于自己。

在现实生活中，每一件事情都会有真实的一面和正确的处理方式，对于历史，则要有正确的理解和观点，我们所需要做的就是把历史真相还原和把其时间过程记录下来。让历史服务社会，走进生活。对此，我常常坐在屋里苦苦思考：人生就是一本书，也是一部个人历史，生活中的点点滴滴，怎么通过文字叙述记录？一部《红楼梦》，站在文学的角度，是写大观园贾宝玉和林黛玉的爱情悲剧，写大观园的繁荣兴衰；站在社会的角度，则又是历史。康熙陵是建筑，也是历史，也是人生命的一个过程，它不仅在记录过去，也在讲述未来。生是人的开始，死是人的结束，生命是人生的一个过程，生命是有密码和痕迹的。想到这里，我的心似乎豁然开朗了起来：过去的时间并不意味着失去，而是意味着一种资源。人生就是一个时间上的过程，都说柳暗花明又一村，人生路途的改变是多次的，那么人的生命也应该是多次的，抱定一个执著的信念：谁说“江郎才尽”？

以史为鉴，研究历史，不能仅仅停留在文献资料，还要研究同时期历史留下来的古迹。人总是要死的，而古人或多或少都会有意无意留下很多的遗迹遗物，古城古堡、洞穴废墟、古老村落等等，而留下更多保留更完好的则是墓葬。历史在前进，各个时代的埋葬形式也会随之发展演变，葬制、习俗、随葬品也就千差万变，因为其中不仅包含着当时的思想意识、风俗习惯以及政治和经济等社会环境，还内含着当时社会发展的科学、技术、文化和艺术等，如果把这些都能完整地挖掘、整理出来，就能比较清楚地了解社会的发展步伐和人的思想观念，取其精华，服务社会，净化社会环境，解决一些历史遗留的悬案。

研究好清景陵，对于研究清代陵寝、清代历史，都具有重要的意义。因此，作为历史爱好者，我感到有责任把康熙陵的历史渊源和现状尽最大可能地介绍给人们，在使大家更加熟悉我国历史上这位对我国古代历史发展有着突出贡献的老人的同时，引起人们对康熙陵这一类古遗址的关注、重视，以期能对其地宫进行及时的抢救和保护，不要让这一珍贵的遗产毁在我们这一代人的手中。

此书参考了许多学者前辈的著作和论述，我特别真诚感谢很多著名专家学者的大力支持和帮助，其中天津大学建筑学院博士生导师王其亨教授、中国第一历史档案馆编研部主任著名清史专家李国荣研究员、中国考古文学第一人中国著名学者作家岳南先生、清史研究专家金恒源先生等，不仅在知识上给了我无私的帮助，更在精神上给了我莫大的支持。因篇幅所限，不能详细列出，敬请谅解，我向这些前辈学者致以最诚挚的谢意。

还要感谢的就是父亲徐广源先生，在写作中我引用了他大量的研究成果,采用了他很多的观点,还使用了他提供的很多第一手资料和大量珍贵图片。

另外,特别感谢的还有河北保定的清陵爱好者梁鸣,没有她的鼓励和支持,这本书真的很难完成!

由于我才疏学浅,有很多不太成熟的观点、论述,在文笔上肯定有词不达意甚至谬误的地方,恳请史学前辈、专家学者及广大读者,提出宝贵的意见和中肯的批评。

徐 鑫

2009 年 12 月 30 日

图书在版编目(CIP)数据

悬念康熙陵 / 徐鑫著.—济南:齐鲁书社,2010.5
ISBN 978-7-5333-2400-1

Ⅰ.①悬… Ⅱ.①徐… Ⅲ.①康熙帝—陵墓—简介
Ⅳ.①K928.76

中国版本图书馆 CIP 数据核字(2010)第 076595 号

悬念康熙陵

徐 鑫 著

出版发行	齊魯書社
社　　址	济南经九路胜利大街 39 号
邮　　编	250001
网　　址	www.qlss.com.cn
电子邮箱	qlss@sdpress.com.cn
排版制作	济南世同苹果图文有限公司
印　　刷	山东新华印刷厂
开　　本	720mm × 1020mm　1/16
印　　张	13.5
字　　数	182 千字
版　　次	2010 年 5 月第 1 版
印　　次	2010 年 5 月第 1 次印刷
标准书号	ISBN 978-7-5333-2400-1
定　　价	26.00 元